·大英博物馆合作出品·

SECRETS of the DEAD

[英]马特·拉尔夫斯 [英]戈迪·赖特 著 周悟拿 译

人类骸骨之谜

探寻遗骸背后的历史和文化

CTS K 湖南科学技术出版社·长沙

图书在版编目（CIP）数据

人类遗骸之谜 /（英）马特·拉尔夫斯，（英）戈迪·赖特著；周悟拿译 . — 长沙：湖南科学技术出版社，2023.9
书名原文：Secrets of the Dead: Mummies and Other Human Remains from Around the World
ISBN 978-7-5710-1890-0

Ⅰ . ①人… Ⅱ . ①马… ②戈… ③周… Ⅲ . ①考古—世界—儿童读物 Ⅳ . ①K86-49

中国版本图书馆CIP数据核字（2022）第210891号

Text Copyright © Matt Ralphs 2022
Illustrations Copyright © Gordy Wright 2022
Copyright licensed by Nosy Crow Ltd.
Simplified Chinese rights arranged through CA-LINK International LLC
著作权合同登记号：18-2023-115

RENLEI YIHAI ZHI MI

人类遗骸之谜

著　　者：［英］马特·拉尔夫斯　［英］戈迪·赖特
译　　者：周悟拿
出 版 人：潘晓山
责任编辑：谢俊木子　李　叶　谷雨芹
责任美编：李　庄
出版发行：湖南科学技术出版社
社　　址：长沙市芙蓉中路一段 416 号泊富国际金融中心
网　　址：http://www.hnstp.com
湖南科学技术出版社天猫旗舰店网址：
　　　　　http://hnkjcbs.tmall.com
邮购联系：0731-84375808
印　　刷：湖南省众鑫印务有限公司
　　　　　（印装质量问题请直接与本厂联系）
厂　　址：长沙县榔梨街道梨江大道20号
邮　　编：410100
版　　次：2023 年 9 月第 1 版
印　　次：2023 年 9 月第 1 次印刷
开　　本：880 mm×1230 mm　1/16
印　　张：5.75
字　　数：90 千字
书　　号：ISBN 978-7-5710-1890-0
定　　价：88.00 元

人类
遗骸之谜

来自世界各地的木乃伊及其他遗骸

目　录

来认识一下遗骸们

在我们周围，到处都能找到人类祖先的遗骸。他们可能躺在墓园之中，也可能长眠于教堂、寺庙、石墓或坟冢土丘里。在历史长河孕育的绝大多数文化中，人们都认为小心处理遗骸是件非常重要的事，也使用了许多方法来安置、保存或心怀敬意地处理人类遗骸。

有时骨头甚至会被制成艺术品用来展出。在奥地利哈尔施塔特的圣迈克尔教堂里，存放着数百个精美的头骨，其中一些头骨上还装饰着花环、鲜花和彩色十字架等彩绘，并且写有死者姓名和死亡年份。巴黎的地下隧道曾经是古老的采石场，现在安放着数百万人的遗体——他们的头骨和其他骨骼都整齐有序地在墙上排开。瑞士还有一具名为圣潘克拉修斯的古老骷髅，他甚至身穿着一套华丽的盔甲。

彩绘头骨
奥地利圣迈克尔教堂

圣潘克拉修斯
瑞士圣尼古拉斯大教堂

埃及法老的圣甲虫护身符
（发现者：M·拉尔夫斯）

在大多数情况下，一个人死去之后，身体软组织便会随着时间推移而腐烂，仅存一副包括头骨、身体骨骼和牙齿的骨架。然而，木乃伊遗骸的软组织却被保存了下来，将遗骸以更完整的形式呈现在我们面前。当我们看到一具木乃伊时，就能知道他们昔日的身份，还能了解他们曾在何时何地生活、吃下何种食物、身患何种疾病。

考古学家工作手册

来自中国的金戒指
（发现者：N·乌鸦）

美丽的小河公主
中国塔克拉玛干沙漠

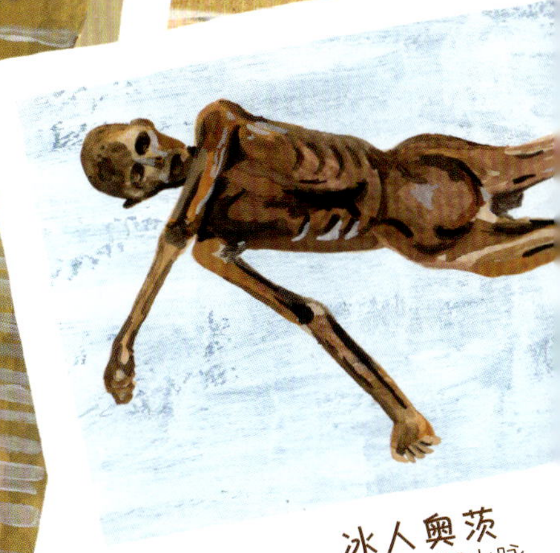

冰人奥茨
意大利奥茨塔尔阿尔卑斯山脉

　　有些尸体则是机缘巧合地变成了木乃伊，然后自然而然地留存下来的。比如那一具我们现在称之为奥茨的遗骸，他死在阿尔卑斯山的崇山峻岭之间。那里位于意大利北部，和奥地利接壤。奥茨通体覆盖着冰雪，就如同置身于冰柜之中，如此5000年过去，连他皮肤上的刺青都得以保存下来。也有其他的遗骸，出于防止尸身腐烂的目的被人为制成木乃伊。在这方面最为著名的莫过于古埃及人。但在其他文化中，人们也会处理逝者的尸身，确保遗骸能够留存下来，例如南美洲神秘的新克罗人，还有西伯利亚的斯基泰人。

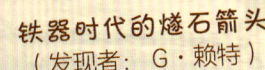
铁器时代的燧石箭头
（发现者：G·赖特）

　　几个世纪以来，被做成木乃伊的死者一直深深吸引着世上的生者。富裕的维多利亚人甚至还举办过"拆包派对"，在派对上，人们聚在一起，观看埃及木乃伊被剥去亚麻绷带的过程。如今，人们用更为尊重的方式来对待死者遗骸。考古学家们检测易受损坏的人类遗骸时会使用X射线和CT扫描等现代技术，以避免任何不必要的损害。

这本书将向您展示研究人员的惊人发现，并揭示人类遗骸的一连串秘密。

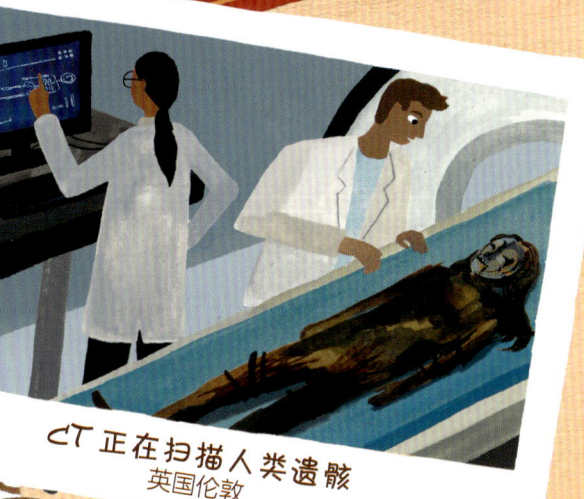
CT正在扫描人类遗骸
英国伦敦

图坦卡蒙

　　1922 年 11 月，英国考古学家霍华德·卡特站在一座密封的古墓门口，透过一个小孔向墓中望去。随着他的眼睛逐渐适应墓室深处的黑暗环境，大量非凡又精美的文物映入眼帘。卡特的同伴问他："你有看到什么东西吗？"卡特回答说："我看到了，真是叹为观止啊！"

　　卡特发现的正是图坦卡蒙的陵墓。

公元前 1333 年，图坦卡蒙成为埃及国王。他登基时大约 9 岁，后来仅仅在位 10 年便英年早逝。在他墓中的画作上，有他猎杀野生动物的画面，还有他在战车上打仗的画面。他面部所戴的金色面具令人啧啧称奇，面具显示出一副英俊而高贵的面容。但是，艺术并不总是和现实相符，所以我们需要仔细检查他的木乃伊，才能发现他的真正身份。

　　1920—1930 年，图坦卡蒙脆弱的遗体在检查中遭到损坏。但如今，科学家们使用计算机和 X 光机器，不需要接触遗体便可以了解这位少年国王的更多信息。他们的研究结果显示出国王的另一个形象，和绘画中那个精力充沛的战士国王判若两人。事实上图坦卡蒙体形瘦弱，肩部狭窄，且有一个较为宽大的臀部。

图坦卡蒙看上去似乎患有一种骨骼疾病。他的脚趾因此发生变形，这让他的左脚向内侧弯曲。他走起路来应该异常痛苦，很可能需要使用拐杖才能走动。一些专家认为他还患有疟疾。这种疾病会通过蚊子叮咬传播，患病后会感到一阵阵恶心、头痛，出现发热症状。

机器扫描显示，图坦卡蒙的左大腿曾经发生过骨折，也许是某次跌倒导致的。图坦卡蒙之所以年纪轻轻便撒手人寰，可能是疟疾、骨折或感染导致的，也可能是这些因素综合造成的，我们对此无法做出准确判断。

墓内的许多物品都画着"瓦吉特"或又被称之为"荷鲁斯之眼"的标志，这象征着守护和健康

墓中发现了130根拐杖，有些用于辅助行走，有些则用来杀蛇

墓中出土了几个漂亮的"胸饰"，这种大型珠宝一般佩戴在人的胸前

墓中发现了一把铁质匕首，匕首外面带有用于装饰的金色刀鞘。人们认为这是用坠落的陨石制成的

墓中还出土了一双凉鞋，鞋底有图坦卡蒙敌人的画像

图坦卡蒙如今已是闻名于世的人物，比他在世时更为有名。人们从世界各地赶来，只为瞻仰一下这位年轻人脆弱又精妙的遗体。在3300多年前，他曾是全球最强盛文明之一的统治者。

拉美西斯大帝

拉美西斯二世在位长达 66 年（公元前 1279—公元前 1213 年），他在执政期间被奉若神明。这位帝王曾立下赫赫战功，还兴建了大批宏伟的庙宇、纪念碑和雕像。在他的统治下，埃及的国力达到顶峰。

但是，哪怕被尊为天神的国王也终有一死。拉美西斯二世逝世时年龄约为 90 岁，他被安葬在帝王谷，这是一处建在悬崖之中的陵墓。后来，他的遗体又被转移数次，最后安置在一个秘密墓穴内。大帝自那以后安眠于此，直到 19 世纪末才被当地村民偶然发现。

拉美西斯二世的遗体被保留了下来，这让我们能根据这些线索大致推测他的生前样貌。拉美西斯二世身高 1.7 米，面部轮廓分明，下巴线条硬朗，鹰钩鼻。他后脑勺和头部两侧仍然留着浓密的卷发，但太阳穴处头发稀疏，头顶大部分地方已是光秃秃的。他曾经的白发现在已经泛红，可能是在制作木乃伊的过程中被染上了颜色。

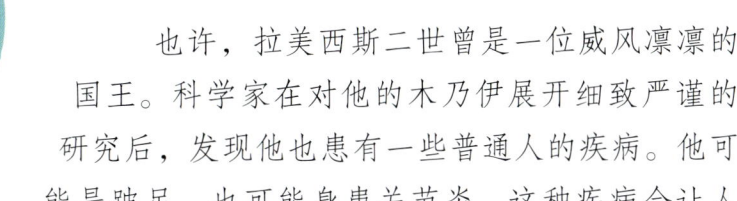

也许，拉美西斯二世曾是一位威风凛凛的国王。科学家在对他的木乃伊展开细致严谨的研究后，发现他也患有一些普通人的疾病。他可能是跛足，也可能身患关节炎。这种疾病会让人深受折磨，拉美西斯二世也因此关节肿胀，走路佝偻。多年以来，他的动脉内部出现了脂肪堆积，因而动脉变窄。这让他血液循环不畅，患心脏病的风险也变得更高。科学家们还发现他患有牙龈脓肿，如果牙龈出现感染，导致脓液在颌骨和牙齿之间堆积，就会身患此病。这种病也让人很痛苦。

即使是在 3200 多年之后的今天，拉美西斯二世看上去依然满是帝王气派。他的头依然轮廓立体，显得庄严又高贵。他的双手被包裹在亚麻布中悬于胸前，保存得尤为完好，看起来就好像这位伟大法老正要苏醒，马上就会起身一样。

拉美西斯二世的陵墓位于帝王谷，现在我们给它的编号是 KV7。它的对面就是拉美西斯二世诸多儿子的陵墓，那是帝王谷中最大的墓穴，至少有 130 个墓室。KV7 的墙上装饰着许多壁画，画中场景内容包括开口仪式（见第 15 页），还有拉美西斯二世本人。人们在墓中仅发现了少数几样物品，包括一个木制的巫沙布提俑、一些玻璃碎片、一些罐盖和雕像的碎片。令人遗憾的是，拉美西斯二世的长眠之地已经被经年不息的洪水破坏了。

基波林人

现存的古埃及遗体中，基波林人遗体是年代最早的遗体之一。他在 5500 年前就去世了，当时年仅 19 岁。法老统治是在公元前 3000 年才出现的，而基波林人身处的年代甚至比法老统治时还要早很多。19 世纪末，考古学家发现了他的遗体，并根据出土地点将其命名为基波林人。我们已经无从知晓他的真实姓名，但通过他保存得极为完好的遗体，我们可以仔细查验，发掘出更多关于他的事实信息。

基波林人遗体被埋在沙漠里的一处浅坟之中。埋葬他的人将他侧身放置，面朝西边。他的满口牙齿仍然健全，头皮上还留有一簇簇红色头发。他的双腿蜷缩至胸前，单手捂着脸，似乎是想挡住眼前的光线。

人们可以透过他的皮肤看到清晰的骨骼形状。他的皮肤斑驳陆离，有颜色沉淀，像古代的羊皮纸。CT 扫描显示，他的颅骨中还残留着干燥的脑组织。

他的上臂看起来像是有一块污迹，那其实是世界上最古老的刺青之一，上面画着一头公牛和一只柏柏里羊

基波林人遗体保存程度完好得惊人，而且这个过程几乎不存在人为干预。沙漠炎热又干燥的环境让他的身体脱水，避免了尸体腐烂成一具骨架。一些考古学家认为，后世的古埃及人正是因为发现了像基波林人这种自然形成的木乃伊，才从中获得了灵感，开始有意识地保存逝者遗体。

基波林人遗体现在被收藏在大英博物馆。在他的那个时期，人们有时会在尸体旁边摆放各种物品。在博物馆里，他的遗体也被这些陪葬物品环绕：绘有花纹和图案的陶罐，以及珠子串成的珠宝。

　　2012 年，科学家们使用 CT 扫描仪，重建出了基波林人的三维图像，其中含有丰富的细节。图像揭露了这个年轻人英年早逝的残酷真相。他的左肩胛骨下方有刺伤的痕迹，这说明他是被人用铜刀或燧石刀杀死的。击杀力量极其猛烈，导致他的一根肋骨断裂，肋骨下方的肺也被刺穿了。基波林人是从背后受袭，因此他可能是在毫无防备的情况下遭到这致命一击。至于凶手的身份和动机，也是我们永远无从知晓的秘密。

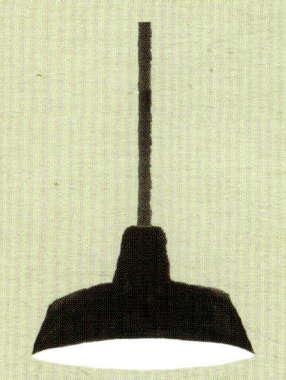

遗体保存

古埃及文明长达 3000 年。在这个过程中，古埃及人保存遗骸的手法逐步精进。每一具出土的木乃伊都为我们提供了来自远古的珍贵历史信息。而且，当我们端详他们的面容时，就如同见到了和我们一样的人类同胞。像我们一样，他们也曾谈笑风生，也曾在世间生活。

皇室专享

能用上最管用的木乃伊制作方法的，只有法老及其家族成员，或是负担得起开销的富人。这种制作方法很麻烦，困难重重，需要耗费许多时间，且必须掌握纯熟的技巧才能完成。制作原理是通过去除尸体的水分，清除一些内部器官，以防止尸体腐烂。这项棘手工作会由专门的尸体防腐人员完成（进行防腐处理是制作木乃伊的另一种说法）。

移除大脑

防腐人员首先要清洗尸体，紧接着要做的就是取出大脑。他们把一根末端带钩的长杆从尸体的鼻孔处插入，一直深入到颅骨之中，然后用钩子小心地把大脑组织钩出来，余下的液体则从鼻腔排出。

移除器官

随后，防腐人员把尸体从一侧切开，取出肺、肝、胃和肠（见第 14 页）。这些器官处理起来很棘手，防腐人员用任何熏香都无法完全盖过它们散发的气味。古埃及人认为，心是人类灵魂、记忆和智慧的容器，所以他们会把心脏留在胸腔中——因为逝者在来世还会需要心脏。

尸体脱水

用香薰油清洗尸体内部之后，再填进一些用布包住的泡碱，用来干燥软组织。然后，防腐人员会在尸体上铺上更多泡碱来吸走所有水分，以防尸体腐烂。

如此等待大约40天后，再清除泡碱。这时呈现在人们面前的便是一具完全干燥的尸体：外形干瘪，容易受损，头发也变得易碎，皮肤如同深色的皮革，四肢骨瘦如柴，但仍能辨认出此人从前的模样。人们还会在木乃伊的皮肤上涂抹香薰油，让皮肤软化，有时会在眼窝中装入用彩色玻璃制成的假眼睛。

尸体保护

接下来，防腐人员会用数百米长的亚麻布把尸体包裹起来。这项工作得花好几天才能完成，而且必须小心翼翼地操作。防腐人员会先用薄带把尸体的手指和脚趾分别包裹，然后再用主要的那层布来包裹躯干。为了更好地保存遗体，包裹的亚麻布上还会被涂上香薰油和天然树脂（一种会逐渐变硬的黏性物质）。人们还会准备一些有魔力的护身符，放入层层包裹之中，以及置于遗体顶端。这是为了保护遗体，驱除恶灵。

有时候，木乃伊的头上还会戴着葬礼用的面具。这些面具通常是用黄金和珍贵宝石制成，刻出巨大的眼睛和安详的表情。70天后，这具已经做好防腐、受到护身符保护，并且戴上了面具的遗体，便已做好了要在来世与神相见的准备。

卡诺匹斯罐

古埃及人相信，死者的灵魂若要想抵达来世，躯体（木乃伊）就必须保存完好，内脏也必须完好无损。防腐人员取出器官后，会用泡碱让其干燥，然后将它们用一条条亚麻布包裹起来。如此处理之后，器官就不会腐烂，可能被放置在遗体上，也可能被放回遗体内部。

这些器官还可能被分开储存在石制容器或者陶制容器中，这类器皿被称为卡诺匹斯罐。罐子顶盖通常被做成四个保护神的头颅模样。

伊姆塞特人首

护卫肝脏

哈庇狒狒首

镇守肺部

克贝克塞努弗鹰首

看护肠子

杜阿木忒弗狼首

守护胃部

动物木乃伊

古埃及人也会把动物制成木乃伊。他们认为，某些物种和神有密切关联，比如狒狒和鳄鱼。因此，数以千计的狒狒和鳄鱼都被制成了木乃伊，作为祭品放在寺庙。猫的数量甚至更多，可能是数以万计。动物尸体会先被做成干尸，然后填满沙子和泥土，再用亚麻布包裹起来。

生命，死亡，来世

　　古代埃及人为逝者建造了许多巨型石头金字塔，还有许多在岩石上凿出的陵墓。这些古迹造价昂贵，需要数千名工人才能完成，往往耗时几十年之久。他们如此耗时耗力地建造这些只为逝者所用的建筑，究竟是为什么呢？我们也许能在他们对于生死和来世的信仰中找到答案。

　　古埃及人并不认为，死亡意味着这个人从此不复存在。他们反而把死亡视作通向美好新世界的大门。你可以想象一下，田野间的金色麦浪随着微风摇曳，宽阔的蓝色河面映照出一片辽阔蓝天，阳光从背后倾泻而下，唇边是蜂蜜的清甜味道。这是属于来世的永恒幸福，被称为"芦苇之境"。这也是古埃及人贯穿古今的诸多信仰之一。每个人都想抵达"芦苇之境"，不论农民还是法老。

　　如果想在死后抵达"芦苇之境"，需要满足哪些条件？古埃及人也很清楚答案。

　　首先，死者的躯体需要被制成木乃伊，这具躯体将会成为逝者灵魂的永恒家园。

　　其次，人的灵魂在死亡那一刻会脱身而出，必须经过召唤才会回来。葬礼上就有一项仪式来专门完成这个步骤，叫作"开口仪式"。祭师用一种叫作"扁斧"的特殊工具，触碰木乃伊的眼睛、耳朵、鼻子和嘴巴。如此一来，逝者的感官就可以被重新唤醒。灵魂得到召唤后，会再次进入身体。木乃伊能够获得身体和灵魂融合，感官会恢复意识，人们便将此时的木乃伊视为生者。

随后，逝者必须找到正确的道路，从坟墓来到一个名为真理殿的地方。他们沿途会穿过一个危险的幻境，满是恶魔、陷阱和火湖。他们在真理殿会见到冥界之主神奥西里斯，并面临"称心仪式"的考验。

逝者的心脏会被放置于天平之上。如果生前罪孽太重，天平就会倾斜（天平另一头是代表正义公理的"羽毛"），这类人就会经历"第二次死亡"。但如果他们度过了圆满的一生，天平就会处于平衡状态，他们便会在奥西里斯的批准之下进入"芦苇之境"，永远生活在完美的幸福之中。

古埃及的葬礼之神

阿努比斯：豺首，掌管死亡、木乃伊，是冥界的神明之一

奥西里斯：人首，掌管生育、复活和生命的神，阿努比斯的父亲

托特：朱鹭首，掌管写作的神，记录秤心仪式的结果

阿米特：鳄鱼首，这位女神会吞下那些死去的卑鄙小人之心

亡者之屋

上千年以来，埋葬着法老们的建筑的类型一直在不断变化。但无论采用哪一种设计，这些建筑都必须足够干燥，固若金汤，且能够提供安全保障。只有这样，法老遗体和陪葬宝物才能永久地留存下来，不受破坏。

马斯塔巴墓

最早的那些法老被埋葬在马斯塔巴墓中。这些陵墓是大型的泥砖建筑，墙壁有倾斜的角度，屋顶平坦。为避免被动物啃食，遗体被安放在幽深的地下墓室里。虽然马斯塔巴墓引人赞叹，但出色程度还是远不及古埃及人后续的作品。

阶梯金字塔

一位名叫卓瑟王的法老（在位时间为公元前2630—公元前2611年）不想被埋葬在传统的马斯塔巴墓中。所以，他下令让手下的首席建筑师伊姆霍特普设计一些外形壮观的建筑。伊姆霍特普遵守命令，在现有的马斯塔巴墓上增加了五层石灰岩，层级越往上体积越小。他创造出的便是历史上第一座金字塔。他的阶梯式金字塔非常成功，在4700年后的今天仍然屹立不倒。

秘密陵墓

许多法老都为自己建造了壮观的金字塔陵墓，但这些金字塔很容易被窃贼盯上，大多数财宝没过多久就会被洗劫一空。因此，从公元前16世纪开始，法老们就开始在帝王谷的悬崖上建造秘密墓穴，想通过这种方式来保护好自己的贵重物品。

他们命人在坚硬的岩石中开凿出楼梯、走道、藏宝室和墓室，涂上灰泥并抹平，再画上象形符号（古埃及人的文字系统）和众神图像。

大金字塔

伊姆霍特普设计的阶梯式金字塔具有革命性的意义，建造金字塔的潮流由此开启。后来，一位名为斯尼夫鲁的法老最早开始建造以抛光石灰岩为原料的金字塔，侧面倾斜，表面光滑。后来又出现了许多与之相似的金字塔，其中法老胡夫位于吉萨的大金字塔最为庞大，也最为壮观。世界古代七大奇迹中，仅有这一处建筑得以保存至今。

整座金字塔约由 230 万块石灰岩组成，平均每块重达 2.3 吨。许多专家认为，这些石块是先被挖掘出来，然后制作成型，之后再由一群人拖上坡道。工人们应该使用了滚轮和杠杆，才能把石块放置到位。这项工程需要他们付出超常的努力：在国王厅中，有一些花岗岩的石块重达 73 吨（约等于 7 辆双层巴士的重量），而采掘这些岩石的地点位于建造地 800 千米以外，工人们用货船才将它们搬运过来。这简直令人难以置信。

大金字塔内部共有三间墓室：地下墓室、王后墓室和国王墓室。长而倾斜的通道将三个房间连接起来。地下墓室位于金字塔底部深处的岩石之中，是凿刻出来的。至于为什么会建造这个地下墓室，到现在仍是一个不解之谜。王后墓室的墙壁上有一个小洞，可能曾被用来供奉一尊雕像。国王墓室里则陈列着胡夫的无盖石棺。

法老胡夫于公元前 2551 年登基，大金字塔正是为他而建，有成千上万名技艺精湛的工人参与这项工程。金字塔高度为 147 米，高度超过了 93 米高的自由女神像、111 米高的圣保罗大教堂和 135 米高的伦敦眼。在长达 3800 年的时间里，大金字塔都是全世界最高的建筑，直到 1311 年建成的林肯大教堂以 160 米的高度超越了它。大金字塔底部每条边的长度都刚好是 230 米，而且精确对应着罗盘的四个点。

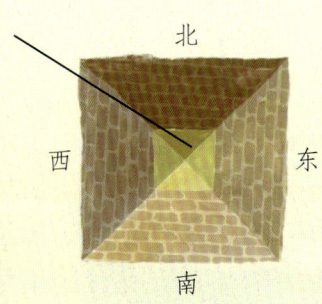

北
西
东
南

金字塔入口处用巨大的石块封闭起来，但仍然没能把盗墓者挡在门外。他们已经将金字塔中的财物洗劫一空，连胡夫自己的遗骸也未能幸免。

大金字塔每一侧面都用白色石灰岩制成，顶端覆盖着"银金矿石"，这是一种金银组成的合金矿石。这座建筑熠熠生辉，被古埃及人称为"胡夫的地平线"，当你凝视它的时候一定会感觉目眩神迷。

尤耶亚科山少女

　　1999年，一队考古学家在南美洲阿根廷西北部的一座山顶发现了一具尸体。这是一个年轻印加女孩的尸体，保存得近乎完美。她微微弯拉着身子，闭着双眼，表情安详，双手搭放在腿上，看上去就像睡着了一样。500年前，究竟发生了什么让女孩在一个如此寒冷的地方孤独地死去呢？

1438—1533 年，印加人在南美洲建立了帝国，横跨湿热的丛林和白雪皑皑的群山。一位无所不能的国王统治着帝国约 1200 万的人民，他被称作"独一无二的君主"。印加人的建筑技艺非常高超，他们建造了像马丘比丘这样万古长存的石头堡垒，建起的道路网络也非常发达，其中还覆盖了世界上施工难度最高的一些地点。要知道，他们可是在没有使用铁制工具或车轮的情况下完成这一切工程的。大多数印加的老百姓都生活在小村庄里。他们种植玉米和土豆，饲养羊驼，喜欢家庭聚会，酿造啤酒，演奏音乐，还会编织图案精美的纺织品。

印加神灵是他们日常生活的重要组成部分。他们认为，神灵往往和有生命的动植物联系在一起，和地貌风光（尤其是山脉）也有关联。因为印加人相信神灵掌管雨水和收成，所以他们会祈祷、供奉食物和酒酿，有时还供奉动物，以取悦神灵。

印加人还认为山川地貌皆有生命，人类应该予以回馈。这个理念也是他们生活的重要组成部分。人们每天都要供奉祭品，以祈求家人获得健康和幸福。他们还认为，有时神灵想要的不只是一杯啤酒、一块羊驼肉这么简单。

维拉科查：印加传说中的至高之神，传说他创造了世界、天空、太阳、月亮以及所有生命

因蒂：太阳神，他散发阳光，为农作物带来生长所需的温暖和光照

奎拉妈妈：掌管爱情和婚姻的女神，保护所有女性

帕查妈妈：掌管生育的女神，她保护所有孕妇和婴儿，以及照管人们每年的收成

苏帕伊：掌管死亡和阴间的神，统领整个冥界

印加人能够献给神灵的最宝贵礼物，就是一个孩子的生命。这样重要的事情往往由掌权者抉择，也通常只有在特殊情况下才会发生。也许是国王祈盼神灵能够带来丰收，也可能是神灵动怒，需要平息怒火。不论什么原因，国王都会派人找遍帝国的各个角落，只为找到那个最适合作为祭品的孩子。

大约在500年前，一个15岁左右的女孩被选中了。我们现在称她为"拉顿塞拉"（意为"少女"）。对于她的情况，我们仍然了解得很少，比如她的真实姓名是什么，或是她来自何方。我们不知道她是一个怎样的人，也不知道她被选为神的祭品之后又有怎样的感受。我们仅仅只知道她生命最后几个月的遭遇，以及她去世前的最后时刻发生了什么。

拉顿塞拉被选中后，就被带到了首都库斯科，执行一系列准备工作。她在那里享受到了王室成员般的待遇。以前她只能吃土豆和蔬菜，但这时她可以享用食之不尽的肉类和玉米。她穿戴上最为精致的服饰，住在一座隐蔽的神庙里，国王还会亲自带她一起出席宗教仪式。

她的献祭地点位于 1300 千米之外。那是一座名为尤耶亚科的大山。当祭司们认为她已经做好了准备，便启程带她前往那里。这段旅途充满了艰难险阻，而她必须全程步行。他们可能在路上耗费了好几个月的时间。拉顿塞拉头戴华丽的白色羽毛头饰，带领着一大队祭司、王室官员和随从，造访了许多村庄。每到一处，村民们都会为她举办宴会，还会举行一些音乐和宗教仪式。尽管拉顿塞拉一路上都享受着公主般的优待，但她早已知道自己的生命很快就要走到尽头了。

最后的一段路程是尤耶亚科山的山坡，坡度陡峭，山路崎岖，会让攀爬的人精疲力竭。而且那里空气稀薄，会造成呼吸困难。有人让她嚼一些古柯叶驱除疲劳，后来也在她遗体的脸颊部位找到一些吃了一半的古柯叶。

当她看到世界在自己脚下铺展开来时，她心中有着怎样的感受，我们永远也无从知晓。她是否感觉到了神灵的注视？她是否为自己被选中而感到自豪？她又是否为离开自己的家人而心怀悲伤？她可曾因为即将面临死亡而恐惧？ 也许所有这些感受都交织在一起吧。他们登上峰顶之后，祭司们举行了庄严的仪式，请求神灵接受这个年轻女孩作为献祭，而这是他们最为珍贵的礼物。

拉顿塞拉经过一年的准备，走过了1300千米的旅程，攀登到了6705米高的冰天雪地。接下来，就是她直面命运的时刻了。祭司们给她喝了一种名为"奇恰"的烈酒，这是一种用玉米酿造的发酵啤酒。她喝下之后，感觉开始变得迟钝，意识也逐渐模糊起来。奇恰酒的刺激、严寒的环境和长途跋涉的疲惫，这些因素综合在一起，让她最后失去了知觉。然后，祭司们用一块布将她的头蒙住，使她无法呼吸……并等待着她死去。

在特别的仪式场合，印加人会用这种装饰华丽的杯子来喝水

拉顿塞拉因缺氧而死，看上去就像是在睡梦中滑向死亡一般。最后，她戴着羽毛头饰被封在地下密室里，等待着神灵的迎接。

要终结一个孩子的生命，这是一件十分残忍的事。但印加人并不这样看。他们认为，虽然她的心脏已经停止跳动，但她并没有真正死去。拉顿塞拉仍然活着，自由自在地游荡在山野之间，永远地守望并保护着她的族人。她进入了神的怀抱，这并不悲伤，反而是一件值得庆祝的事。

在山上一共发现了三名献祭的儿童，拉顿塞拉是其中之一。包括她在内，一共是两个女孩和一个男孩，他们都被埋葬在地下的墓穴里。印加祭司们在这些孩子身边留下了许多珍贵的物品，比如珠宝、黄金雕像和食物。还有一些漂亮的玩偶娃娃，一个个做工完好，戴着羽毛头饰，穿着彩色的编织服装。

科学家采用了 CT 扫描技术，能够透过拉顿塞拉的衣服和皮肤看到她的骨骼和软组织。因为一直处于寒冷的环境中，她的羊驼毛袍子和遗骸都保存良好，器官也都完好无损，血管里还残留着血液——她的肺里甚至还留着生前吸入的最后一口空气。

新克罗木乃伊

在古埃及人建造吉萨大金字塔的数千年以前，世界的另一端就已经有人开始把逝者做成木乃伊了。这是一群沙漠中的居民，他们过着群居生活，既能上岸打猎，又能下海捕鱼，并制出了世界上最古老的木乃伊。

新克罗人在南美洲的西海岸居住。新克罗文化始于公元前 7000 年，存续了至少 5500 年，公元前 1500 年左右才开始走向衰落。他们过着以小群体为单位的集体生活，主要活动范围是一片狭长又肥沃的土地，左邻太平洋的滚滚波涛，右靠阿塔卡马沙漠的无垠沙地。

新克罗人的绝大部分食物都来自于大海；他们会猎取海狮来食用，海狮的牙齿和兽皮也可以派上用场；他们还会潜水捕捞贝类，并使用渔网、鱼叉和仙人掌刺制成的钩子来捕鱼。他们对于金属或陶器所知甚少，所以使用的工具都是用石头、动物骨头和贝壳制成的。因为经常在冰冷的海水中潜行，他们耳道内骨骼出现生长异常。许多新克罗木乃伊都有一种叫"外耳道外生骨疣"的耳部疾病，可能正是这个原因。

据我们所知，历史上最早把逝者制成木乃伊的正是新克罗人。他们使用的三种方法分别被称作黑色木乃伊技术、红色木乃伊技术和泥浆木乃伊技术，每一种都需要有足够的耐心和精湛的技巧，以及对人体构造的充分了解。

渔民的钓具

新克罗人以海为生，从中获取大部分食物。木乃伊的陪葬品也反映出了这一点。这里面有许多捕鱼设备，比如鱼钩和能够负重的渔网，还有一些能把贝类从岩石上撬下来的工具

人们能用仙人掌的刺或贝壳来制作鱼钩，那种被称为鱼叉的长矛则用来捕捉大鱼

考古学家从沙地中挖掘出的木乃伊有男有女，有老有少，甚至还有死在母亲腹中的胎儿。这说明所有新克罗人在死后都能享受到同等待遇。不论年龄如何，也不论处于怎样的社会地位，他们在去世后都会被制成木乃伊。

新克罗人在把死者制成木乃伊之后，并不会立即埋葬他们。我们从许多木乃伊身上都能看出重新粉刷和修复的痕迹，这说明他们在地面上被保存了很多年，而且是与生者相伴。在许多南美洲的土著文化中，人们都认为逝去祖先的灵魂仍存于世，是大家日常生活的重要部分，而木乃伊正是这些仍然存在的祖先所呈现出的实物形态。因此，只要这些亲朋好友愿意，他们就可以随时去看望逝者。

　　我们可以明显看出，新克罗人相当重视死者，认为他们不能被藏匿在墓穴中。即使人们已经走完了生命旅程，他们也仍然会被留在部族之中。这也许是因为新克罗人相信死者具有某种精神上的力量，如果他们被留在身边，便能把这份力量传给生者。也可能新克罗人仅仅只是想把亲人留在身边而已，这样他们就能时常看到并触碰到逝者，与之交谈，从中获得慰藉。

拆卸并烘干尸体

几个世纪以来，新克罗人使用过许多不同的技术来制作木乃伊。他们会把有些尸体的头颅和四肢拆卸下来，然后剥离皮肤，再移除剩余的软组织。有时他们还会把手臂和腿部的骨头烘干，但烘干时并不使用明火。尸体的体腔内会塞满滚烫的煤炭，颅骨则用泥巴和芦苇填充。

重新组装尸体

骸骨经过干燥处理之后，人们就会把尸体重新组装起来。他们通常用棍子来加固支撑四肢和脊椎，然后将头骨重新固定回脖子上，这项任务需要仔细地工作好几天才能完成。之后他们会用灰烬、草碎和海狮血液混成的糊状物或是泥浆，在骨架上完成塑形，造出一个有躯干、四肢和头骨的人形。在这个糊状人形完全成型之后，便可以再做干燥处理。

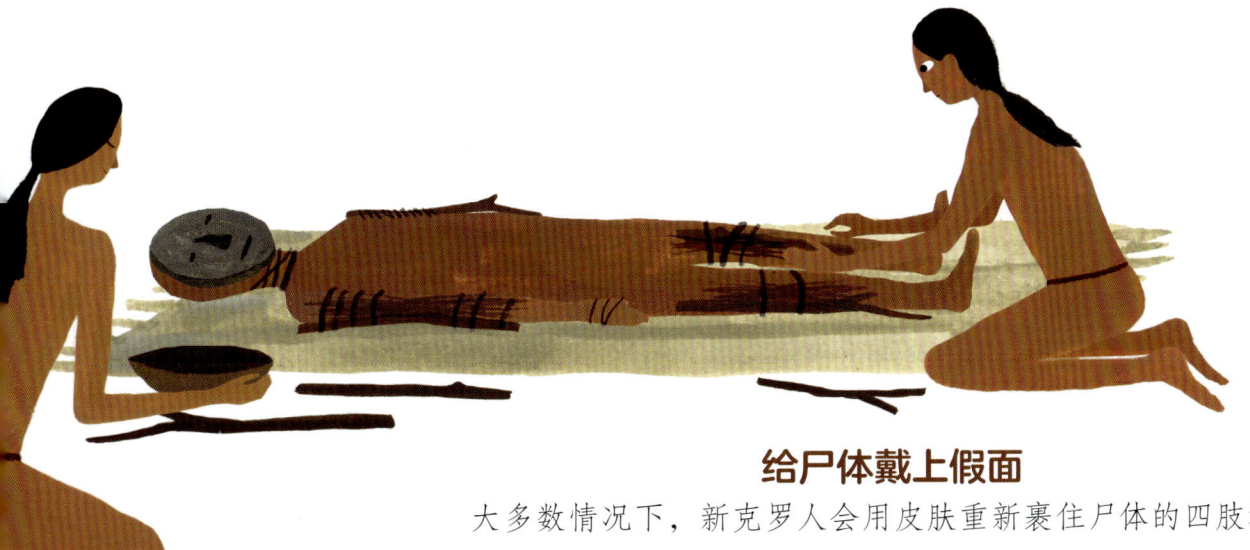

给尸体戴上假面

大多数情况下，新克罗人会用皮肤重新裹住尸体的四肢和躯干，并在头部放上一顶人发制成的假发。尸体身上会被抹上黑色或者红色的颜料，最后再用一个黏土面具来盖住尸体的脸。有些面具双眼紧闭，好像睡着了一样，有些则两眼大睁，张着嘴仿佛在说话，栩栩如生。

泥浆木乃伊

有时新克罗人会用一种更简单的方法来制作木乃伊。红色和黑色木乃伊的拆卸重组过程非常复杂，而这个新方法似乎是把尸体直接进行干燥处理，然后涂上一层厚厚的泥土制成的糨糊。这个糊状的外壳涂层会直接按照逝者的模样来塑形，等到全部干透了以后，木乃伊就会被涂上颜色再埋葬。

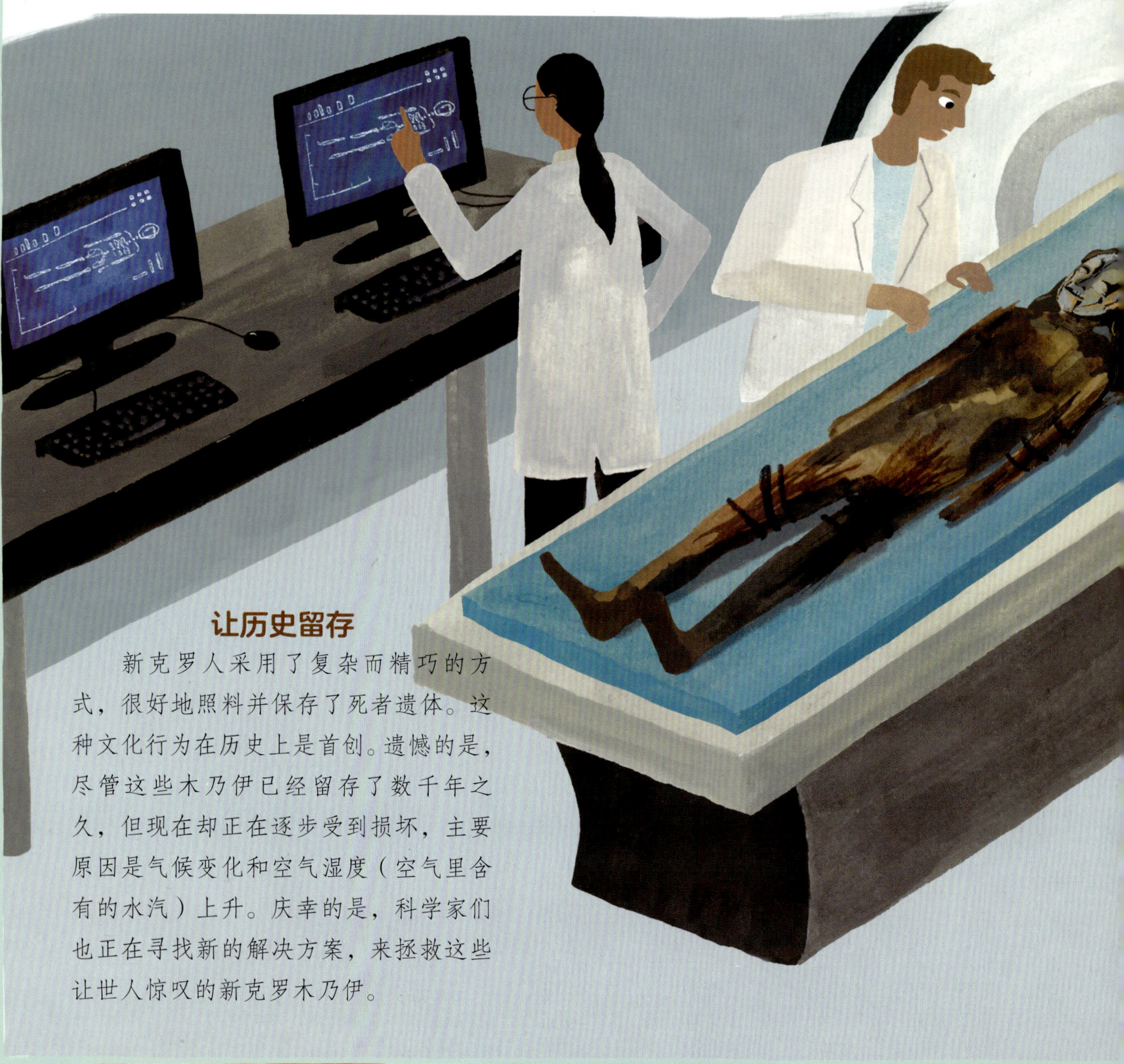

让历史留存

新克罗人采用了复杂而精巧的方式，很好地照料并保存了死者遗体。这种文化行为在历史上是首创。遗憾的是，尽管这些木乃伊已经留存了数千年之久，但现在却正在逐步受到损坏，主要原因是气候变化和空气湿度（空气里含有的水汽）上升。庆幸的是，科学家们也正在寻找新的解决方案，来拯救这些让世人惊叹的新克罗木乃伊。

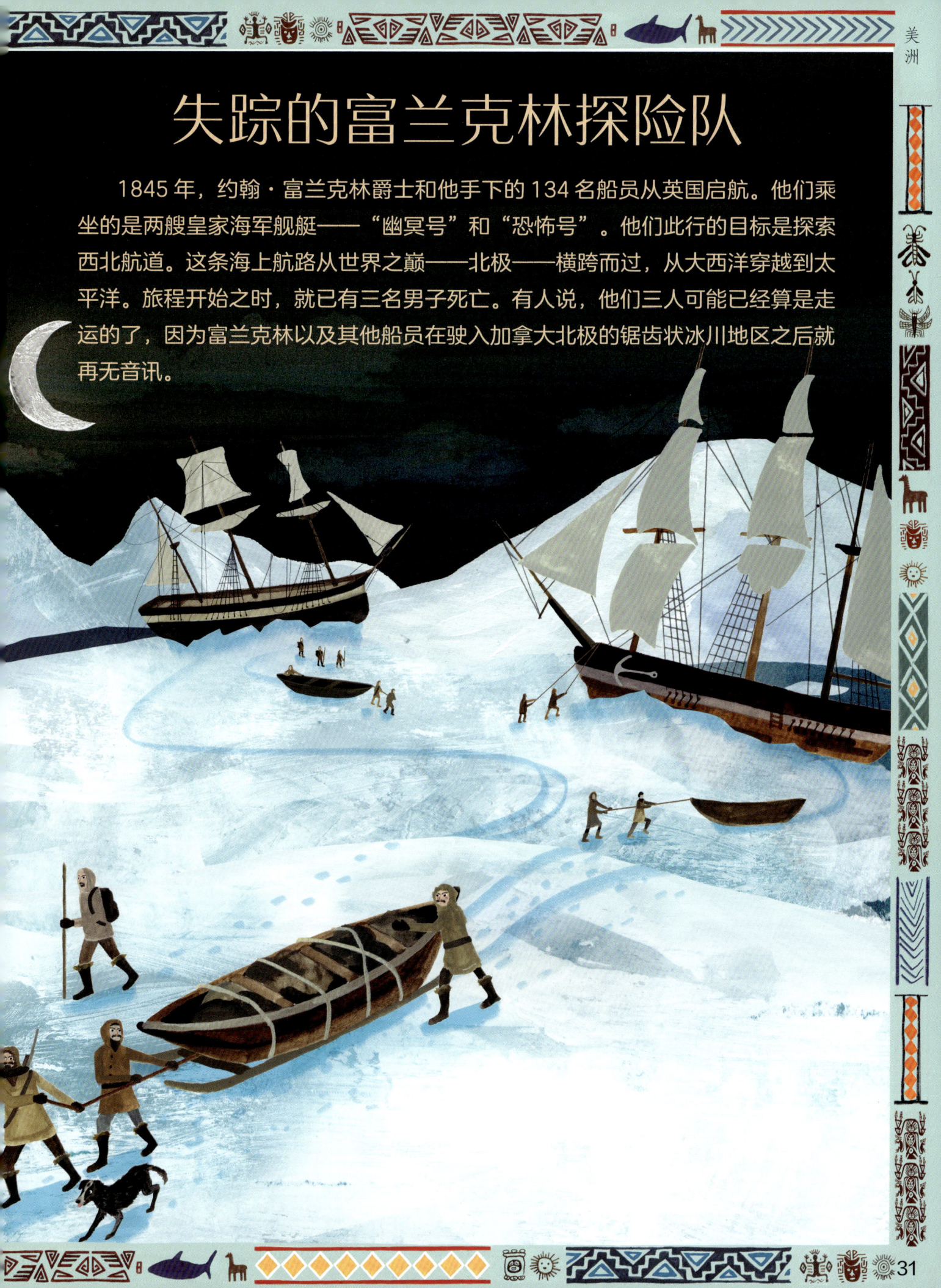

失踪的富兰克林探险队

1845 年，约翰·富兰克林爵士和他手下的 134 名船员从英国启航。他们乘坐的是两艘皇家海军舰艇——"幽冥号"和"恐怖号"。他们此行的目标是探索西北航道。这条海上航路从世界之巅——北极——横跨而过，从大西洋穿越到太平洋。旅程开始之时，就已有三名男子死亡。有人说，他们三人可能已经算是走运的了，因为富兰克林以及其他船员在驶入加拿大北极的锯齿状冰川地区之后就再无音讯。

1846 年 9 月，富兰克林和船员们驶入了一片遍布岩石的岛屿之中。那里的地貌非常可怕，冰山高高耸立，寒风刺骨，铁灰色的海面上漂浮着冰块。北极的凛冬已经来临，随之而来的是长达数月的极夜，黑暗仿佛永无止境。海面也逐渐结冰，缓缓把他们围在其中。最后两艘船都被牢牢困在冰层里，无法动弹。船上的木板咯吱作响，呼啸的寒风从船身裂缝中侵袭而来。船上的人们开始接二连三地患病甚至死去，富兰克林本人也不例外。在长达 19 个月的时间里，船员们都在默默忍受着这样噩梦般的灾难。当他们感觉已到穷途末路之时，才不得不弃船而去，踏上了朝南方徒步的旅程，这段旅程需要步行 1609 千米。

　　他们用雪橇拖着物资，饥寒交迫，疲惫不堪。我们从最终无人生还的结局可以知道，这段旅程已经超越了他们的极限。富兰克林探险队的勇士们想要征服这条航道，可最终还是被这里的环境击败。

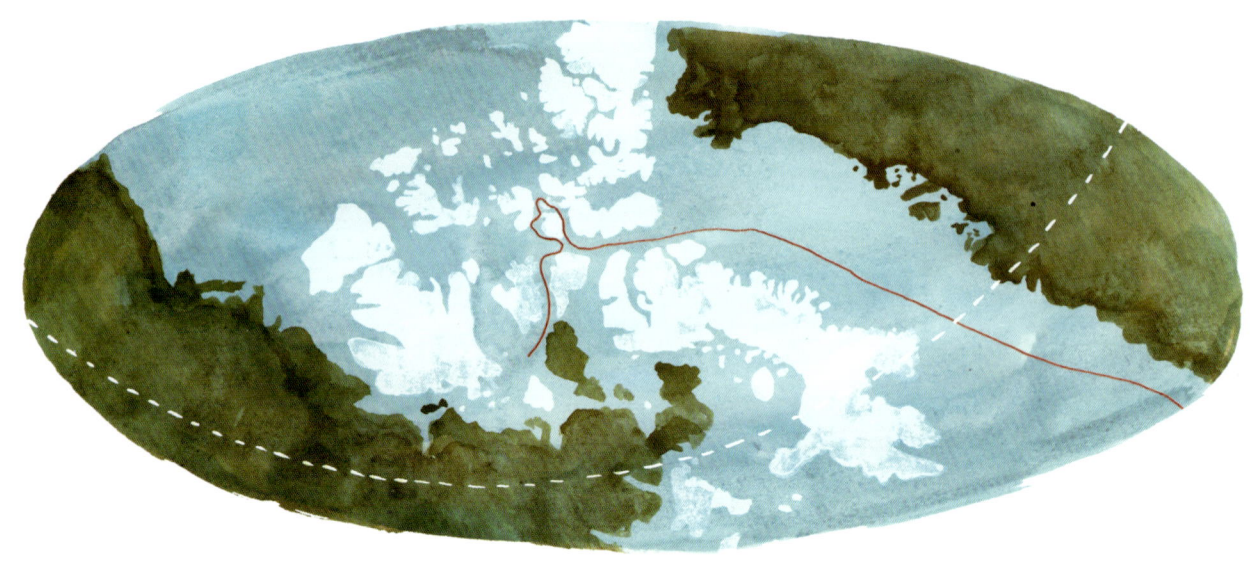

这张地图显示了富兰克林探险队的航线

　　人们想要找到这支失踪的探险队，并实施了多次救援，但人们很长时间都没有找到这些倒在途中的队员尸体，第一批尸体直到 1857 年才被发现。这是一场史诗般传奇但又注定失败的旅程。在一些找回的骸骨表面，似乎还能看到刀割的痕迹，这可能是刮骨取肉时留下的刀痕。很多人认为，有些船员可能实在饥饿难忍，接近崩溃，只能以死去的同伴为食。

在探险早期几个月中丧生的那三名水手则被埋葬在了一个名为比奇岛的地方。那里大风肆虐，极地冻土层（那些终年冻结的土地）将他们的尸体完美地保存了下来，我们也因而找到了线索，可以进一步挖掘他们死亡的真相。

约翰·托林顿时年 20 岁，蓝色眼睛，棕色长发。他在船上的蒸汽机旁工作，所以他的肺部被烟熏得发黑。他还患上了肺结核，这种传染病会让人肌肉乏力，同时导致发烧、夜间盗汗和咳嗽

约翰·哈特奈尔时年 25 岁，身上有一处 Y 形疤痕。这说明"幽冥号"的随船外科医生曾在他下葬前检查过他的内脏，可能是因为富兰克林船长想知道为什么仅隔 4 天就又失去了第 2 名船员

威廉·布雷恩时年 32 岁，高大强壮，留着卷曲的黑色胡须。他的肩膀上有被绳索勒过的伤痕，说明他在死前不久一直都在拉雪橇。尸体上有老鼠啃食的痕迹，应该是他倒在甲板下后被啃食而留下的。而那个时候，他的战友们正在外面的冻土上挥刀劈砍，为他挖掘墓坑

这三名船员在去世之前都已经瘦成了皮包骨。他们的胃里空空如也，这说明他们在苟延残喘之际都没能吃到一点食物。他们本就已经身患肺结核等疾病，并且因此变得非常虚弱，最后他们似乎也都是死于肺炎这种肺部疾病。在几个月后，他们的许多同伴可能也遭遇了类似的厄运，整个富兰克林探险队都在这个漫长而寒冷的过程中——死去。

冰人奥茨

1991 年，一群徒步登山者在意大利北部与奥地利交界的高山上有了惊人发现：一个男人脸朝下躺在岩石上，双腿被包裹在坚冰之中。这具遗骸保存得非常完好，所以他们都以为死者是刚去世不久的登山客。他们错了。事实上这个人已经去世非常非常久了。

科学家使用了放射性碳测定法，发现这具尸体的死亡时间应该是 5000 多年前的初夏，也就是欧洲铜器时代（公元前 3500—公元前 1700 年）。由于他是在阿尔卑斯山的奥茨山谷中被发现的，人们便称他为奥茨。

奥茨在冰中保存得很好，他的皮肤、骨骼和牙齿都很完整。他的头发和眼睛都是棕色的，身高 1.57 米，死亡时的年龄在 35 至 55 岁间，牙齿显示出被粗粮侵蚀的痕迹。他患有牙龈疾病，还有关节磨损和动脉硬化的毛病。奥茨浑身布满了刺青，共有 61 处。由于多年吸入篝火烟雾，他的肺部早已被熏黑了。

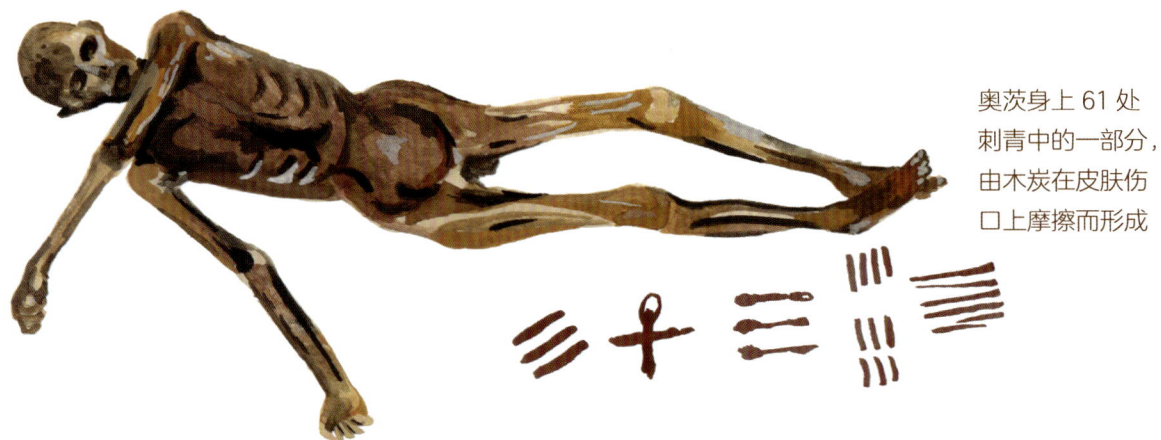

奥茨身上 61 处刺青中的一部分，由木炭在皮肤伤口上摩擦而形成

科学家们也对奥茨的胃做过仔细检查，发现他生前最后一顿饭吃的是山羊肉、无酵面包（也就是没有酵母的面包）和一种叫作"黑刺李"的浆果。奥茨吃下这些食物之后 2 小时就一命呜呼了。

黑刺李

无酵面包

奥茨的衣服和随身物品也在寒冰中得以保存下来。他绑着羊皮的裹腿，穿着羊皮大衣，戴着一顶熊皮帽子，系着鞋带，脚蹬一双用草隔热的牛皮鞋。这些经过修补并制作精良的衣服，在奥茨生前起到了保暖和防潮的作用。

山羊肉

奥茨随身携带着一张 1.8 米长的紫杉木长弓，弓上涂有油脂以防雨淋。他的皮革箭袋里还装着 14 支箭。箭袋是用一种叫作岩羚羊的野生高山羊的皮制成的

草编鞘内，装着一把燧石刀

奥茨掌握了可靠的工具制作和生火技术，还随身携带了医药包。他凭借这一切，完全能够在他视为家园的阿尔卑斯山上生存下来。那么，为什么这个装备齐全的男人会在崇山峻岭之间孤独地死去呢？

奥茨的财产中，最为珍贵的是一把优质的铜头斧头，斧柄的材质是紫杉木

一开始，科学家们认为奥茨是冻死的。但他们在进一步调查之后，才意识到他的死亡原因比这更为复杂。他的左肩嵌入了一个石制箭头，这说明有人从背后射伤了他。他因此身负重伤，血流不止，后面很可能是因为失血过多而死亡。他右手上还有深深的伤口，这说明他在死前一天还经历过打斗，并且受了伤。那么留下这些伤口的人和后来射伤他的人，是不是同一个人呢？

我们永远无从得知到底是谁杀害了奥茨，也无法查明他们这样做是出于什么动机。但是，因为奥茨的遗体被冰封存了下来，又幸运地被后人发现，才让科学家能够通过分析遗体而揭示出关于他生死的神秘内幕，而这一切都是 5000 多年前的事情了。

庞贝古城的石膏市民

庞贝古城是位于古罗马帝国中心的一个繁华海滨小镇。公元 79 年的某一天，悲剧在庞贝古城市民的身上上演。彼时，他们已经在那里生活了许多年，几英里外的那座山从未引起过他们的注意。山坡上绿意盎然，但居民们不曾想到，那居然是一座潜伏的火山。在可怕的那一天结束时，庞贝古城已被彻底摧毁，那座火山爆发出层层灰烬，将所有市民们全部埋葬。在接下来的这个故事里，我们将讲述他们如何死去，他们的遗骸又如何重见天日。

在庞贝，这一天的开始与其他的日子并没什么不同。街上人流交织，人们在购物、讨价还价、走亲访友。他们的祖国是强大的罗马帝国，这样的公民身份让他们觉得安心可靠。

最近，他们时常感觉脚下的大地会发生轻微震动，伴随着隆隆响声，但他们并没有放在心上——毕竟这种情况时不时就会发生。然而，这些市民们并不知道，这些震动是由附近的维苏威火山造成的，彼时他们甚至还不知道那是座火山。上午 11 点，维苏威火山的顶端已经笼罩着浓浓的灰色烟雾。

液态的熔岩一直在火山下方堆积。正午时分，灾难性的爆炸猝不及防地发生了。市民们目瞪口呆，惊恐万分，看着一道混杂着火山灰的浓烟腾空直上，高达 20 千米。第一波爆炸的冲击波很快就袭击了他们的城市，墙壁骤然开裂，房屋摇摇欲坠。市民们踉踉跄跄地四处逃窜，大声尖叫。他们多年来都在这座山上放牧羊群，种植葡萄酿酒，而现在这座山仿佛有了生命一般爆发出狂怒。

烟雾在人们头顶蔓延开来，速度惊人。天空被染成一片漆黑，眼前的太阳消失了。炽热的火山灰在短短几分钟内落下，城市里目之所及的每一处都被火山灰覆盖。灰烬漂移着堆积起来，堵住了门，堆满了庭院，涌进了窗户。燃烧的火山岩飞快砸下来，击碎了屋顶，到处都被点燃了火光。庞贝城的市民惊慌失措，他们当时肯定感觉末日已经来临了。

　　整个世界都变成了最深的黑色。天上落下灰烬和岩石，持续了好几个小时。市民们只能惊恐地蜷缩在楼梯下或地窖里。温度过高的空气，让他们难以呼吸。

　　时至晚上 11 点，那道黑色的浓烟仍然悬在火山上空，高度已经达到 27 千米。高温将数百万吨的火山灰托举在空中，聚集在火山口的周围，随着温度逐渐降低，火山灰再也无法承受自身的巨大重量，开始分崩离析。庞贝城被终结的时刻到了。

　　当时还有一些市民幸存，但他们并不知道，过热的空气、火山散发的气体、正从火山坡上飞驰而下的熔岩和火山灰，正向他们扑来。这片灰色海浪咆哮着，以每小时 100 千米的速度冲泻而下，所经之处的一切都被碾碎、被吞没。滞留在庞贝城里的所有人都在那个瞬间遇难，被掩埋在高达数米的火山灰之下。黎明时分，庞贝城和它的人民已经灰飞烟灭。

重现古罗马帝国的居民

维苏威火山摧毁了庞贝城，但也将当时的它保存了下来。得益于火山爆发出的那些火山灰，在接下来的1700年里，掩埋在底下的街道、建筑和死去的人们都没有遭到任何破坏。在挖掘了数十年之后，我们终于可以探索这座笼罩在火山阴影下的古罗马小城，并检测这些留下的遗骸。

19世纪60年代，意大利考古学家朱塞佩·菲奥雷利在已经硬化的火山灰中发现了孔洞，他意识到，是那些在灾难中被埋葬的死者造成了这些孔洞。洞内大部分尸体都已经腐烂，除了骨头和空腔，其他什么都没有留下。于是，朱塞佩就用液体石膏填充这些空腔，等到石膏干燥之后就可以做出石像，能够完美地复刻出人们死亡时的模样。

石膏动物

在那场灾难中死去的还有庞贝城内的动物。这条警卫犬当时被绑在前门的柱子上。它曾经试图爬到越堆越高的灰烬之上，可惜皮带勒住了它的脖子，让它无法爬得更高。

我们能从这些石膏上直接捕捉到不少细节，从而更加了解庞贝市民。我们可以研究他们衣服上的褶皱和脚上的凉鞋，也可以观察他们的面部，甚至能看到他们死亡时的表情。有些庞贝人的头骨开裂了，这可能是落石或高温造成的；有些人蜷缩在室内，因为不想呛入灰尘而捂住脸，或是紧紧拥抱着亲人；还有许多人努力爬上屋顶，想要逃离堆积得越来越高的火山灰。其实，他们不管到哪里都是一样的结局——只要在庞贝城，就注定难逃一劫。

绿骨屋

在 20 世纪末的挖掘工作中，人们又发现了 54 具庞贝人的骨骼，他们曾躲进一个大石库避难。大地震动，外面有滚烫的火山灰不断落下，人们带着孩子躲在黑暗中，静静等待。通过研究这些骸骨，我们可以发现这群人究竟是如何死去的，也可以了解他们曾经如何生活，而后者也许更为重要。

根据骸骨的位置我们可以得知，这群人在进入大石库后自发分成了两队。有一队人除了身上穿着的衣服之外，什么也没有携带；另一队人还带着一袋袋金币和珠宝。在富人死后，他们携带的贵重金属和灰烬接触并发生了化学反应，随着时间的推移，他们的骸骨逐渐被染成了绿色。富人的那一队里，有一位戴着银耳环的少女和一位膝上抱着孩子的老人。

既然同时找到了庞贝城富人和穷人的骸骨，科学家们便能够对他们的骸骨进行比较。研究发现，穷人的骨骼和富人的很相似，几乎没有显示出患病的迹象，这说明大多数庞贝人都过着相对健康的生活，保持着均衡的饮食习惯，肉类、鱼类和蔬菜都有摄入。罗马帝国的穷人似乎是相对健康的，至少在庞贝城是如此。不过，成年人的牙齿出现了很多磨损，这可能是因为他们吃的面包中含有砂砾。

地窖中的骸骨上，还能找到许多火山爆发时留下的伤痕。他们的软组织在高温中被烧掉了，飞溅的火星在头骨和其他骨头上都留下了黑色印记。死亡对他们而言几乎只是一瞬间的事，这也算是不幸中的万幸了。

嘉布遣会地下墓穴

　　嘉布遣会修道院位于意大利西西里岛的巴勒莫。这里的石制地板下，有几处大厅、走廊和房间，昏暗的电灯被放置其中用来照明，干燥的空气中布满灰尘。放眼望去，数百具木乃伊或是悬挂在墙上，或是站立在凹槽里，还有一些躺在无盖的棺材里。他们当中有男有女，还有儿童，全都穿戴整齐，被放在这里展示。他们是谁？他们都经历了什么才被安置在这里？

　　16世纪末，嘉布遣会的修士挖掘出了一些已故修士的遗体。这些遗体在地下墓穴被保存得非常完好，他们对此感到十分惊奇，坚信这是上帝的杰作。于是，他们把这些木乃伊搬到了修道院里的一个新房间。在之后的几十年里，越来越多已故的修士都被保存在墓穴里。而这个地下墓穴也逐步被修缮扩大，以容纳更多的木乃伊。

　　又过了一段时间，嘉布遣会的修士们开始对外提供木乃伊的制作和展示服务，但凡能够支付费用的人，都可以购买这项服务。这意味着这些逝者的亲朋好友可以随时过来探访自己所爱之人；修士们则会悉心照料这些木乃伊，甚至会清洗并及时更换他们的衣物，好让木乃伊们看起来更加鲜活。

要做成木乃伊展出的遗体会先被带到一个称作"colatóio"[①]的准备室，然后被放在由赤陶（一种陶器）管制成的网格上晾晒，这个步骤也被称作"脱水"，时间持续一年左右。之后身体会逐渐变得僵硬，但皮肤和头发仍然完好无损。接下来，修士们会再用醋来清洗身体，有时也会在身体内部填充稻草和月桂叶，最后再为遗体穿上衣服，就可以放入嘉布遣会的地下墓穴里了。那里将会是遗体的"新家"。

稻草　月桂叶

地下墓穴的诸多木乃伊中，最为著名的当属一个名为罗莎莉娅·隆巴多的小女孩。1920 年，年仅 2 岁的罗莎莉娅死于肺炎。她的父亲伤心欲绝，请来了一位名叫阿尔弗雷多·萨拉菲亚的遗体防腐专家，请他运用专业技能将小女孩的身体保存下来。

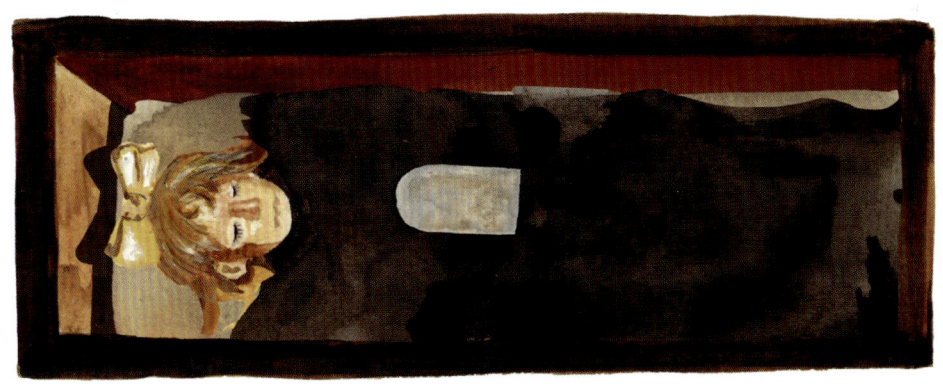

阿尔弗雷多开始着手这项工作。他使用了一种自己发明的特殊防腐液，他把它称之为"阿尔弗雷多·萨拉菲亚的防腐液"，并号称它是一种"可将整具人类遗体永久保鲜的全新特殊配方"。这种防腐液的成分包括可以杀灭致腐细菌的福尔马林、可以杀灭真菌的水杨酸、防止肉体和皮肤萎缩的甘油，以及确保遗体保持自然形态的锌盐。这种混合液体被注入到罗莎莉娅的体内，并扩散至全身。

阿尔弗雷多的这些工序显示出惊人的成效。罗莎莉娅的遗体被保存得十分良好，甚至在 100 多年后也是如此，几乎称得上是奇迹。她的大脑和器官完好无损，没有发生位移，皮肤紧致，身体看上去仍然鲜活。她看起来并不像已经死去，仿佛只是在打瞌睡一般——这个结果也许能让那位悲痛的父亲感到些许安慰。

---

① 意大利语，是一种铸造工具，用于过滤液体。

酸沼木乃伊

欧洲铁器时代的人们在湿地和泥沼中寻找燃料、野味和制作竹篮的材料。与此同时，泥沼也是险恶之地。即使人们在上面铺好了木板路，想要顺利通过也绝非易事。沼泽地上的"灯笼"①总会散发着幽灵一般的光线，许多人都会被误导，在暗处的池塘里落水淹死。古代有许多骸骨出现在这些奇奇怪怪又迷雾重重的地方，这是否就是背后的原因？还是说，他们其实有着更加令人绝望的死因？

① 此处的"灯笼"指的是一种名为"西部臭菘草"的植物。

44

北欧的发酵泥沼较为特别。这些地方本来是湖泊，后来淡水不再持续流入，经过静置慢慢变成被草、苔藓和芦苇所覆盖的池沼。几个世纪以来，一层层腐烂的植被将沼泽填满，形成大片泥炭土。腐蚀肉体的虫类和细菌无法在这些无氧沼泽中存活，所以，沉没在沼泽中的动物或人类遗体都被完整保存了下来。

虽然植物腐烂造成的酸性液体溶解了尸体的骨骼，但泥炭藓产生的化学混合物则让头发、皮肤和肌腱都保留了下来。皮肤也因此变成棕色，呈现出皮革一般的质地，头发则变成了红色。这类遗骸被发现后，通过精细的挖掘及法医取证，我们获得了关于尸体、身上衣物、一些木制品以及竹篮等的一系列证据。这些证据非常宝贵，在以往常规的考古现场都没有被发现过。

铁器时代的人们经常在冬天吃这种粥，在那个时节没有什么新鲜蔬菜

图伦男子

图伦男子是在丹麦一处深达 2 米的泥沼中被发现的。由于他的躯体以及大部分器官都没有腐化，他刚被发现的时候一度被认为是近期凶杀案的受害者。其实他的死亡时间在公元前 375 年至公元前 210 年间，也就是说，该男子已经超过 2300 岁了。图伦男子全身赤裸，腰间仅有一根皮带，头上戴着一顶羊毛和羊皮制成的尖顶帽。

死亡时的年龄介于 30 至 40 岁间，身高约 1.6 米，头发只有很短的发根，下巴和上唇上还留着胡茬。

在那个时代，人们死后通常会举行葬礼仪式，尸体会在葬礼上被火化。那么，为什么图伦男子却受到了区别对待？为什么他的遗体被留在了沼泽地里？我们也许要从他的死因中去寻找答案。

图伦男子是被人杀死的。人们发现，他的脖子上还完整保留着打了结的皮绳，由此可以看出，他可能是在一棵树上被吊死的。他是被谋杀的吗？或者说，他是一个被处以死刑的罪犯？两个猜测都有可能，但他死后尸体的处理方式又指向了另一种新的可能性。

图伦男子的腿和胳膊都蜷缩着，非常贴近躯干，就像舒舒服服地沉睡着一般。他就这样被放置在安葬之地，双眼和嘴巴紧闭，表情也很安详。人们是否会以如此体面的方式对待一个普通罪犯？一些专家表示怀疑。他们更倾向于认为，图伦男子是被作为大自然中神灵的献祭，才被留在了沼泽之中。

在图伦男子脖子上发现了一条绞索

　　沼泽环境让图伦男子的心脏、肺和肝脏都被完整保存下来。他的胃里还有尚未消化的食物，差不多是在死前 12 小时吃下的，那是一种用野生种子、大麦、亚麻和软花属植物煮成的粥。

　　图伦男子的真实姓名已永远无从知晓，我们也无法得知他在吃下最后一餐饭时作何感想。他的生活经历和性格特质将是一个永恒的谜团。但当游客在丹麦的锡尔克堡博物馆看到他平静的面容、注视着他脸上的每一道保存得如此完好的线条和皱纹时，他们也会感觉和他有了某种连接，然后心有所感，陷入沉思。

伊德女孩

1897 年，人们在荷兰伊德小镇的泥沼中发现了伊德女孩。当大家看到她醒目的红色头发时，误以为她是魔鬼，纷纷惊恐地逃开了。她到底是谁？她在铁器时代曾经过着怎样的生活？

伊德女孩是凯尔特人。从公元前 1200 年左右开始，凯尔特人就已经在欧洲生活，他们有许多共有的习俗和宗教信仰。凯尔特人擅长务农，也是令人闻风丧胆的战士，而且还掌握了纯熟的金属加工技术。伊德女孩生活的地方应该是一座四周都是田地的村庄，那里的每个人都相互认识。火堆是家庭生活的核心，每天 24 小时都在不间断地燃烧着，它不仅照亮房子，还能持续供暖，可以供人们做饭，也为他们提供了心灵上的慰藉。

尽管我们的生活方式已经和凯尔特人大不相同，但无论是在以前还是如今，人们通常都会互相关爱，彼此照料。即便如此，伊德女孩却还是在 16 岁那年被杀害了。她的尸体被丢弃在一片沼泽里,这场谋杀的幕后黑手可能正是那些认识她并看着她长大的人。

有一种解释是：伊德女孩被选中为祭品，成为了牺牲品。献祭发生在公元前54年到公元128年间。她的尸体被斗篷包裹起来，那条勒死她的羊毛腰带仍然缠绕在她的脖颈之上。然后，她就被献给了灵界。

她的身高只有 1.37 米，从实际年龄来看，她的个头实在太矮小了。扫描显示她患有脊柱侧弯，这种疾病会导致她的脊椎向一边弯曲，走路姿势可能会非常笨拙。她已经被世界遗忘了许多年。这个身有残疾的小女孩生前有着怎样的面容？直到她的遗骸被发现后，我们才有机会通过面部重建技术来了解这些。

克隆卡万人和老克罗根人

爱尔兰的沼泽地里不是只有泥炭而已。人们还曾经从沼泽深处挖掘出一些武器和珠宝，甚至还有铁器时代的木桶。除此之外，人们还找到过人类的遗骸，深藏在泥沼和秘密之中。

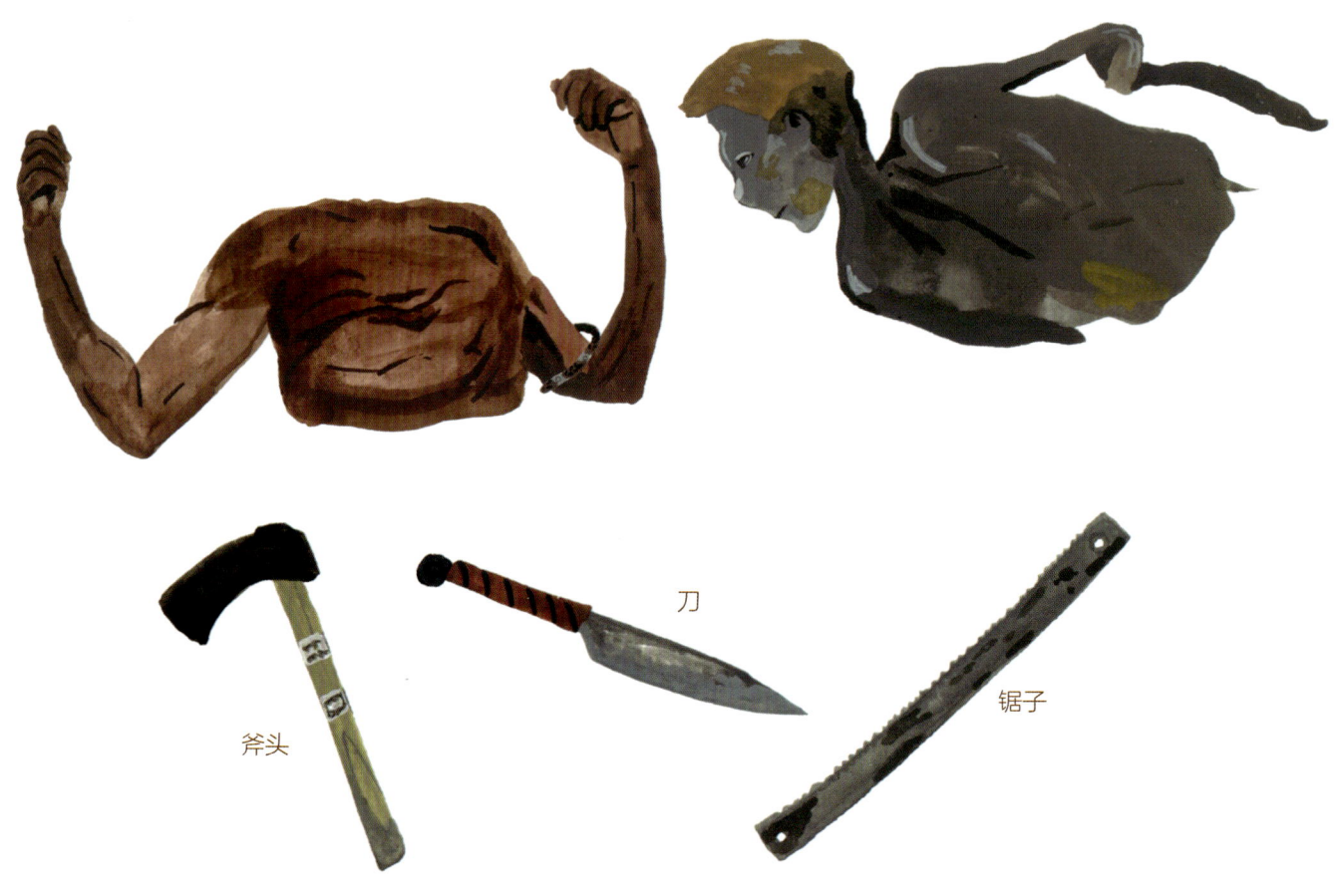

斧头

刀

锯子

克隆卡万人的死亡时间在公元前392年至公元前201年间。他去世时只有20岁左右，身高极其矮小。他把自己长了虱子的头发编成一簇一簇，立在头顶，可能就是为了让自己看起来高一点。他还使用了一种植物油跟松树脂混合的黏性物质来固定发型，这可能就相当于铁器时代的发胶。

老克罗根人的生前身高为1.96米，可谓气势十足。现如今，他却只剩下粗糙的躯干和两只手臂。他去世的时间在公元前362年至公元前175年间，当时他的指甲保养得当，身体健康状况良好，可以看出他家境殷实，拥有一定的社会地位。

克隆卡万人的头部曾经被斧头劈砍过3次，头骨几乎被劈成了两半。凶手还刺伤了他，甚至切开了他的腹部。老克罗根人的胸口被人刺了一刀，然后死亡。他的上臂还留有伤口，可以看出他曾跟凶手正面交手，而且曾经奋力抵抗袭击。他被人杀死之后，头颅也被砍下，身体还被锯成了两半。这两个人可能是失去民心的领导者，他们的臣民渴望报复，便采取了暴力方式将他们杀死。但现有的证据还不足以支撑这个观点。我们可以从泥沼里挖出尸体，却无法挖掘出死亡背后的秘密。

林道人

因为这些酸沼木乃伊的存在，人们对生活在欧洲铁器时代的人开始产生浓厚兴趣，忍不住想要对其一探究竟。科学实验可以帮助大家了解更多关于他们的故事，但还是无法了解全貌。

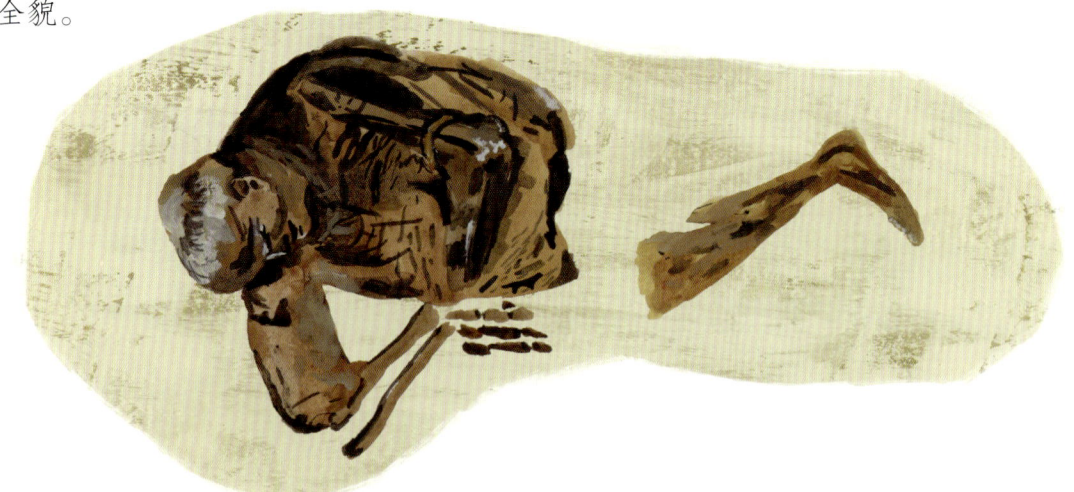

林道人是在英国柴郡一处名为林道的沼泽中被发现的。他的遗骸只剩下一颗头颅、一具扁平的躯干、两条胳膊以及一部分腿。尽管身体曾经受到泥沼挤压而变形，但他的面部特征仍清晰可见。沼泽中的酸性物质把林道人的肉体变成了皮革质地，这是一种被称作"鞣皮法"的化学反应过程。他的皮肤变得柔软，皮肤表面也保留了自然的曲线和皱纹。

林道人在出土之后就被保存在大英博物馆。经过一系列检测后，人们发现林道人的死亡时间在公元前2年至公元119年间，这意味着他可能生活在铁器时代，或后来的古罗马－不列颠时期。

林道人去世时年仅25岁。他身体健康，身高1.65米，体重约64千克，脸部有胡茬，下巴有修剪整齐的小胡子。他的胃里仍留着去世前吃下的无酵面饼，肠道看起来曾受到鞭虫侵扰。鞭虫是一种人体肠道的寄生虫。

狐狸皮做成的臂章

关于林道人是如何谋生的，我们无从得知。但是，他的指甲修剪整齐，这说明他可能从事的不是体力劳动。他也有可能是一位领袖或是富商。但不知道为什么，他仅在手臂处戴着一个狐狸皮做成的臂章，此外几乎是一丝不挂。或许他是被脱光了衣服再埋葬的，也可能他的衣服早已在沼泽中腐烂了。

我们不能确定林道人死因中的种种细节，只知道他死前受到了暴力摧残。他的头上有一个"V"形洞，可能是被斧头砍伤留下的痕迹。这是非常猛烈的一击，头骨的碎片都被敲进了大脑里，但还不足以致命。

他的死亡可能是颈部受伤导致的。至于颈部伤口从何而来，还存在许多争议。一些专家认为，在他喉部发现的绳子其实是一个绞索，是用来将人勒死的凶器。凶手死死拉紧了绳索，然后勒断了林道人的脖子。还有人认为，那条绳子不过是一条项链，林道人死亡的真正原因是他的后脑勺遭受的猛烈一击。

我们已经知道，凶手把林道人面部朝下地扔进了林道沼泽的寒冷水坑里。他是不是遭遇了劫匪，凶手杀害他之后便逃之夭夭？又或者，难道他是令人唾弃的罪犯，并不值得被体面地埋葬？再或者，他其实是献给灵界的祭品？

我们可以提出许多疑问，但往往得到的答案只是"不知道"，或是"不确定""也许是这样""也可能是那样"。酸沼木乃伊是如此的神秘奇幻，让人永远无法知道他们的秘密。

伊朗盐人

在制冷技术发明之前的几千年里，人们都用盐来保存肉类和鱼类。因此，盐是非常珍贵的物品，甚至被称为"白色的金子"。国家富强的一部分原因，也有赖于那些用锤子和镐子深入地下掘盐的矿工。在伊朗的一个古代盐矿中，人们发现了这样一些矿工的遗体。他们生前正在努力挖盐，却被他们自己挖的盐制成了天然的木乃伊。

在古代的伊朗（公元前550年—公元651年，当时还被称作波斯），采盐是一个危险的行业。矿工们终日在黑暗的隧道里工作，用铁镐和凿子凿出岩石上的盐。含有盐的灰尘会让他们持续口渴，地道里阴热又干燥。而且，隧道随时都有塌陷的可能，这才是最令人担心的事情。

第一个盐人是在1993年被发现的，他当时已经在隧道里安静地长眠了1700年。隧道发生了坍塌，他被困而死。这个人去世时大约40岁，他的遗骸已经只剩下头、部分躯体以及一条腿。矿井里的盐就像古埃及人使用的泡碱一样，能让他的尸体变得干燥，然后被永久保存下来。

"盐人1号"的头骨完好无损，仍有皮肉覆盖。他的胡须和飘逸的头发本来是棕色的，而死后发生的化学变化让须发全部变成了白色。

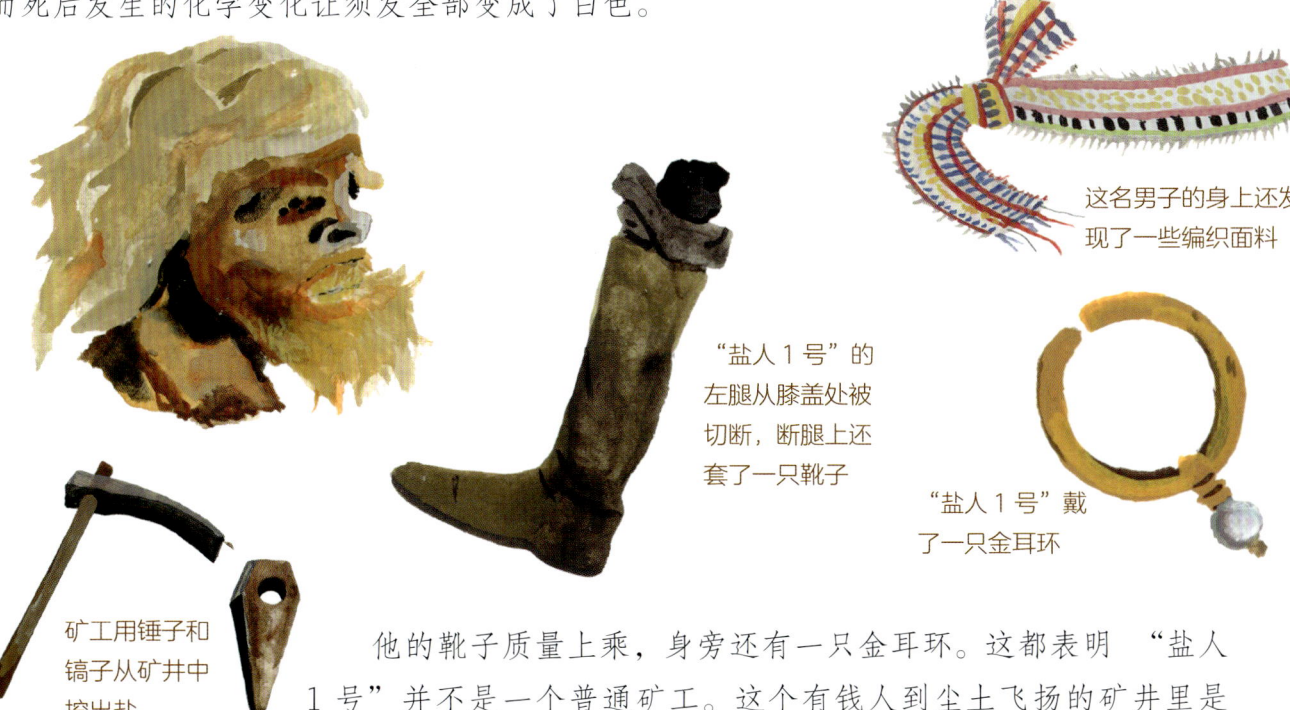

这名男子的身上还发现了一些编织面料

"盐人1号"的左腿从膝盖处被切断，断腿上还套了一只靴子

"盐人1号"戴了一只金耳环

矿工用锤子和镐子从矿井中挖出盐

"盐人4号"的腰带上别有一把骨柄刀

他的靴子质量上乘，身旁还有一只金耳环。这都表明 "盐人1号"并不是一个普通矿工。这个有钱人到尘土飞扬的矿井里是要做什么呢？他是来探访矿井的盐商，还是视察通风井和隧道的管理员？无论真相如何，他那天的勘探都已经让他送上了性命。

与"盐人1号"一样，"盐人4号"也死于矿井塌陷。"盐人4号"是一名矿工，他生活在公元前330年左右的时代，去世的时候只有16岁，坠落的盐块压碎了他的胸腔和心脏。他身高为1.65米，面目清秀，有棕色短发，戴着银环耳饰。

"盐人4号"死时身穿长裤、棕色羊毛外衣和一件红色兽皮斗篷

"盐人4号"死时带着两个大水罐，可能是用来装饮用水的

他被陈列的姿势似乎重现了他生命最后时刻的场景：仰面躺着，举起双臂保护自己的头部，想阻挡翻滚下来的盐块砸到自己。这其实是迷惑人的线索。实际上，他是面部朝下死去的。他的一条腿蜷在胸前，也许当时是想从险境逃生。

美丽的小河公主

塔克拉玛干沙漠位于中国西部，那是一片人迹罕至的荒漠。沙丘变幻莫测，岩石被风雕琢成各种形状，白天异常炎热，夜晚又跌入严寒。在这片荒凉而美丽的风景深处，有一片古老的墓地。这个地方是沙漠中凸起的一片高地，就像是一个迷失在金色海洋中的奇特岛屿，在那底下躺着数百具遗骸，其中有一具被人们称为"世界上最美丽的木乃伊"。

　　小河公墓是一个人造的沙丘，占地面积达 2500 平方米。土丘上伸出 140 根由杨树制成的柱子，从远处看就像是一处古代山间城池的废墟。

　　每根柱子都对应着一处坟墓，其中最古老的坟墓大约已有 4000 年历史。如果柱子呈高大的鱼雷状，说明这是女性的坟墓；如果柱子较短，呈扁平的船桨状，说明这是男性的坟墓。考古发掘大约发现了 330 座坟墓。这片墓地应该是在公元 400 年左右被废弃的。

毛毡帽

装饰面具

用毛皮和皮革制成的靴子

　　人们还发现了一些半埋在沙子里的其他物品：毛毡帽、皮靴、开裂的棺材、面具（上面画着一张鼻子很长、嘴角咧开的脸），还有用树木雕成的恐怖人像。这些物品散落在四周，就像被太阳暴晒过的浮木一样。

　　柱子的下方就是用沉重的木板制成的船形棺材。许多棺材被牛皮封住，这些棺材上还残留着血迹，说明在下葬过程中人们宰杀了一些动物，再剥下了皮。这有可能是在以动物作为祭品，同时也用动物皮来密封棺材。

　　在出土的这么多遗骸中，人们发现有一具尸体保存得格外完好。她的下葬年份应该是在公元前1800年至公元前1500年间。沙漠的气候很温暖，她的尸体因而逐渐变得干燥。再加上这里的土地是盐碱地，冬季气温相对较低，使得她的遗骸在几十个世纪的时间内都保存得基本完好。她有一头浓密的头发，颧骨非常高，五官对称端正，还有一双睫毛长长的深邃眼睛。这些外貌特征为她赢得了"小河公主"的称号。

她的贴身衣物是由细细的绳子编制而成，外面裹着一件白色的毛料斗篷，上面还有流苏装饰。她还戴了一顶毛毡制成的白色高帽，上面装饰着羽毛；脚上穿着一双做工精良的皮靴，皮靴用了动物毛皮作为内衬。在她的身边，摆放着一个草篮，一看就是精心编织而成，里面装着麦粒、树枝、花茎和一种名为"麻黄"的草药，这些也许是供她进入来世之后使用的。在她的棺材里，人们还找到了世界上最古老的奶酪——要知道，乳制品的腐烂速度很快，所以这是一项非常不可思议的发现。这块奶酪由牛奶、细菌和酵母混合在一起制成的，其外观和味道可能和现在的白干酪类似。

那么，又是什么人为这些死者建起了这处安息之地呢？考古学家认为，这些人大约在4000年前就已经定居于此了。在那个时候，这片土地不是只有一片光秃秃的沙漠，还有河流湖泊、花草树木和飞禽走兽。但仍有一个关于墓地的未解难题，那就是这里非常孤立，四周什么都没有，附近找不到其他任何人类居住点的痕迹。因此有人认为,这些死者都来自很远的地方，人们以船为交通工具，带着死者沿着早已干涸的河流长途跋涉而来。至于他们为什么要选择一个如此遥远的地方，这仍是一个未解之谜，就像我们永远无法知道小河公主的真名一样。

这是在小河公主身边发现的稻草编织篮，编织手法非常复杂，里面装满了小麦、树枝和草药

棺材中发现的这块奶酪已有4000多年的历史

辛追夫人

　　辛追夫人去世于公元前163年，同年入葬。与此同时，古埃及人也在努力留存死者遗体，但现在他们的木乃伊外壳已经变得干巴巴的，而辛追夫人仍然肌体柔软，皮肤富有弹性，血管中尚存血液；她的肌肉仍可活动，四肢仍可弯曲，各个器官都完好无损。这位中国古代贵族女性遗体被保存得如此完好，究竟是什么原因呢？

辛追生活在中国古代的汉朝（公元前202年—公元220年），这是一段文化、技术和经济发展的黄金时期。辛追属于统治阶级，家境富裕，生活奢侈。她有一大群仆人来料理一切需求，每天都能享用丰盛的菜肴。但是，这种生活方式也让辛追付出了代价。她去世时才50岁上下，体重超标，健康状况不佳。

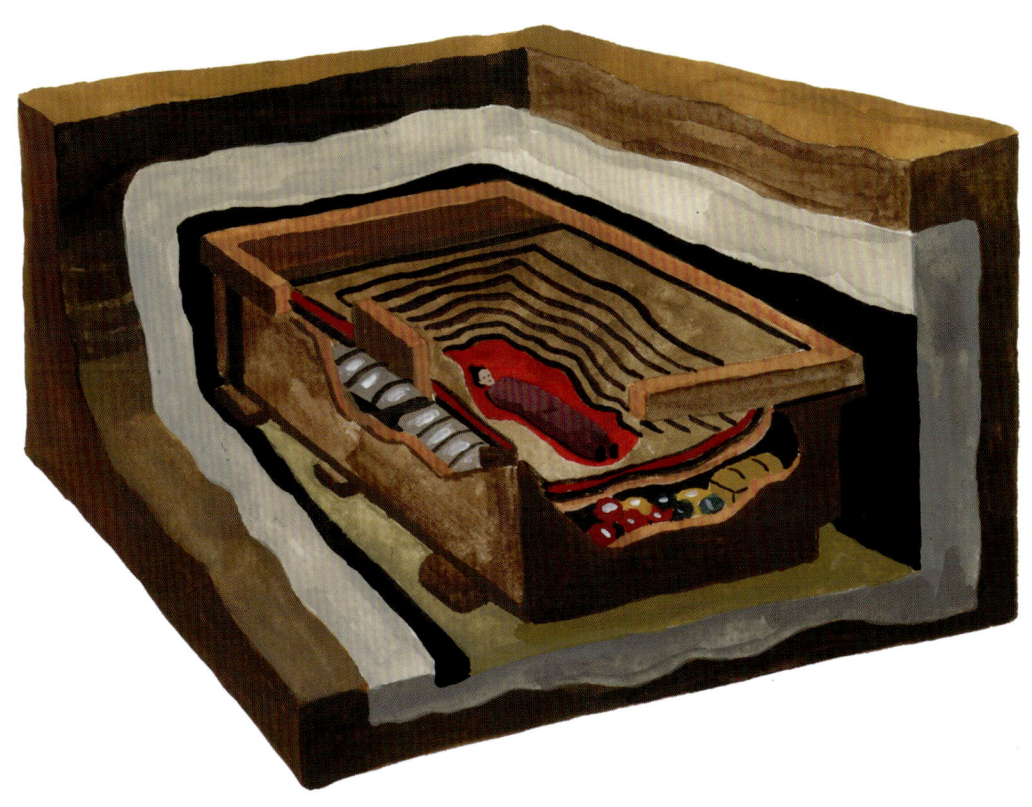

辛追遗体已有2000多年的历史。但是，她的状态却像是刚去世不久一样：肌肤仍然润泽，头发、耳膜和睫毛完整无损。科学检查显示她患有心脏病，并且血液循环不良，出现这些状况是因为她的饮食富含脂肪，又缺乏运动。辛追的脊柱骨头已经融合到了一起，她也为此承受了巨大痛苦，只得依靠拐杖走路。她的胃里还有未消化的甜瓜子，这说明她吃完甜瓜后不超过3小时便去世了——死因可能是心脏病发作。

辛追的葬礼举办得非常豪华，而且花费不菲。她的遗体在清洗之后便被穿上长袍，再用20层丝绸包裹起来，被放入4个涂有彩绘和清漆的棺材中最小的一个，每个棺材外面嵌套一个更大的棺材。这4个"嵌套式"棺材随后被放入一个深至地下12米的木制墓室。墓室顶端用木材和竹席密封起来，然后又盖上数层沙子、木炭、黏土和土壤。科学家们认为，辛追的尸体之所以没有腐烂，正是得益于这样的墓室设计；这些密封层不仅防水，还能形成真空，从而保护遗体不受致腐细菌的侵害，确保达到出色的保存效果。

棺材盖板上有一幅丝制的葬礼帛画，
展示了辛追正要进入天界的场景

辛追夫人的化妆品是由植物、香料
和动物脂肪煮沸后发酵制成的

人们还发现了
精美的丝绸长
袍，被叠得整整
齐齐放在墓中

辛追夫人的随葬
物品不仅有一篮
篮食物，还有她
至爱菜肴的食谱

墓中还发现了
昂贵丝绸制成
的无指手套

辛追墓中有1000多件随葬物品，包括
丝袍、无指手套①、梳妆盒②、乐器、碗碟
和花瓶。竹制容器③全都经过了精心标记，
里面放着各种各样的食物：梅子、梨子、枣
子、李子、猪肉、鹿肉、牛肉、羊肉、野兔肉、
狗肉、鹅肉、鸭肉、鸡肉、斑鸠肉、野鸡肉、
麻雀肉、鱼肉、鸡蛋，甚至还有猫头鹰。辛
追死后肯定也和生前一样大有口福呢！

---

① 根据插图，这里指的就是湖南省长沙市马王堆一号汉墓出土的"朱色菱纹罗手套"，现藏于湖南省博物院。

② 马王堆汉墓中出土了三种化妆奁盒，分别是针刻纹漆奁、彩绘漆奁和双层九子漆奁。

③ 这里的竹制容器是湖南省长沙市马王堆一号汉墓出土的"竹笥（sì）"，现藏于湖南省博物院。

中国明代不腐女尸

古代中国人和埃及人或新克罗人不一样，他们一般并不会对逝者尸体做出处理来达到保存的效果。他们不会在下葬之前摘除任何器官，更不会晒干尸体。但尽管如此，古代中国还是留下了一些木乃伊，甚至可以纳入全世界保存得最为完好的木乃伊之列。科学家认为，这是尸体埋葬方式的结果，也可能是坟墓内发现的一种神秘液体造成的影响。

2011 年，一群筑路工人在拓宽街道过程中偶然发现了一座小型坟墓。那个坟墓埋在地下 2 米深，里面有一个用三层木头做成的坚固棺材。考古学家打开盖子后，映入眼帘的是成捆的丝绸和亚麻布，全部浸泡在一种奇怪的红褐色液体之中。

他们一层层地剥开这些材料后，大吃一惊地发现，这里面居然是一具保存得几乎完美的女性尸体。虽然她的脸已经有点褪色，有些斑斑驳驳，但看上去仍然轮廓饱满，形状完整，栩栩如生。她闭着眼睛，表情平和，看起来就像在沉睡一样，一点也看不出她其实已经离世了好几百年。

这具木乃伊的胸口有一枚硬币，应该是为了抵挡来世的恶灵才放置在此

这个女人身高 1.52 米，她穿着明朝的传统服装和尖头鞋。明朝是中国古代历史上的一个朝代，统治时期从公元 1368 年延续到 1644 年。这意味着，这具木乃伊应该已有400—700 年的历史。科学家们尚未确定她的死因，也没有检测出她的年龄，但遗体脸上没有皱纹，这说明她还不是一位年迈妇人。

她戴着一顶贴身的帽子，有一根银制发簪固定住了她的黑发。这根银簪色泽明亮，是典型的明代女性饰品。更引人注目的是，她的中指上戴着一枚晶莹剔透的玉戒指。因为她佩戴珠宝，并且穿的衣服也是由精美丝绸或棉布材质制成的，这说明她来自富裕之家，但不是皇室成员，也许是一位商人或朝廷官员的妻子。

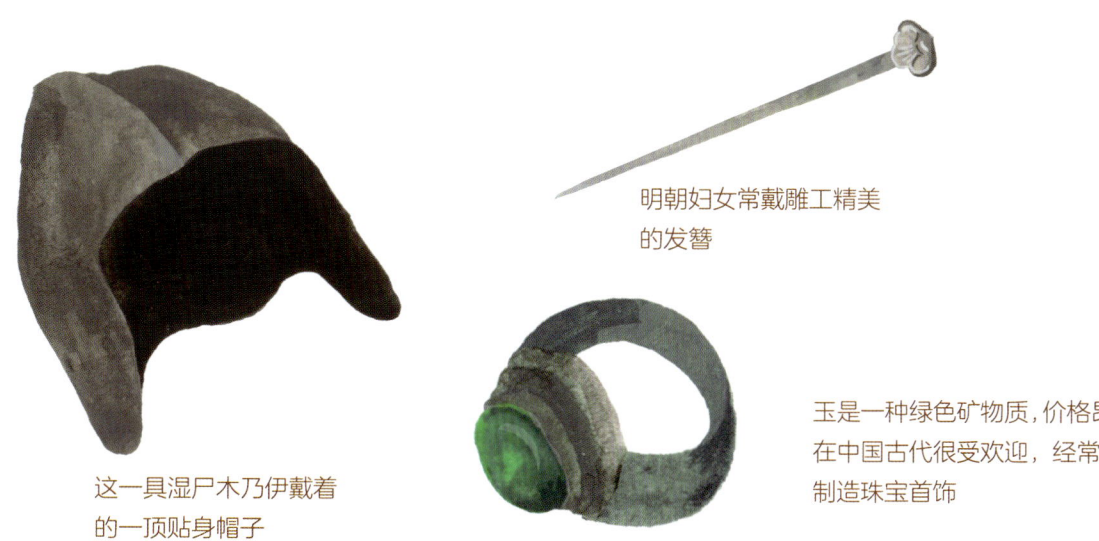

明朝妇女常戴雕工精美的发簪

这一具湿尸木乃伊戴着的一顶贴身帽子

玉是一种绿色矿物质，价格昂贵，在中国古代很受欢迎，经常用来制造珠宝首饰

这一具女尸保存非常完好，可能存在以下几个方面的原因：坟墓埋得很深，能让尸体长期处于阴凉环境之中，而且棺材里装满了氧气含量很低的厌氧液体，使得细菌难以进入尸体，这样便不会腐烂。

中国古代也有其他保存完好的遗骸，人们在坟墓里也发现了类似液体，包括辛追墓。一些考古学家认为，古代中国人在下葬前就会做好这种液体倒入棺材，目的就是为了保持尸体的完好。但是，大多数人都认为这可能只是渗透到棺木里面的水，和尸体发生反应之后形成了一种天然防腐液。

道路

地下

墓室

大草原上的刺青遗骸

公元前 900—公元前 200 年，在广袤的西伯利亚大草原上，有一个骁勇善战的民族在这里繁衍生息。他们骑马作战，过着游牧生活，不会在同一个地方定居太长时间。除了擅长作战，这个民族的其他文化也很丰富，他们的工匠技艺高超，特别擅长处理黄金，贸易往来范围也很广阔。这群骄傲的驯马人被称为斯基泰人。我们可以从他们的木乃伊身上了解到很多关于这个民族的信息。

冰封的墓穴

斯基泰人一般把逝者埋葬在一种名为"库尔干"的坟墓中，这是一种很深的墓坑，底部的结构类似一间小屋。去世的人和他们最为珍贵的财产被一起放在"小屋"里面。人们会用木梁将小屋的顶端封住，然后再把墓坑重新填满，在上面堆起一个石堆，所以这种墓型又被称作"石堆墓"。

斯基泰人总是不断迁徙，因此他们使用的大煮锅、烧瓶或木碗之类的物品都很轻便

斯基泰人会在逝者下葬之前准备全套的骑马装备，确保其来世也能在马背上驰骋。他们在尸体颅骨上钻出小孔，取出大脑成分；在皮肤上划出刀口，拉出肌肉、脂肪和器官。然后，用稻草和头发填充尸体，并用动物肌腱来缝合伤口。之后，尸体便会被埋在冰冷的永久冻土之中。正是得益于这样的尸体处理过程以及埋葬方式，使得即使是在2500年后的今天，一些斯基泰人的尸体仍然保存得非常完好。

人们在斯基泰人的墓葬中还发现了许多乐器，比如马铃、古代骨笛和竖琴

斯基泰人不仅骑术了得，还是最早发明马鞍的民族

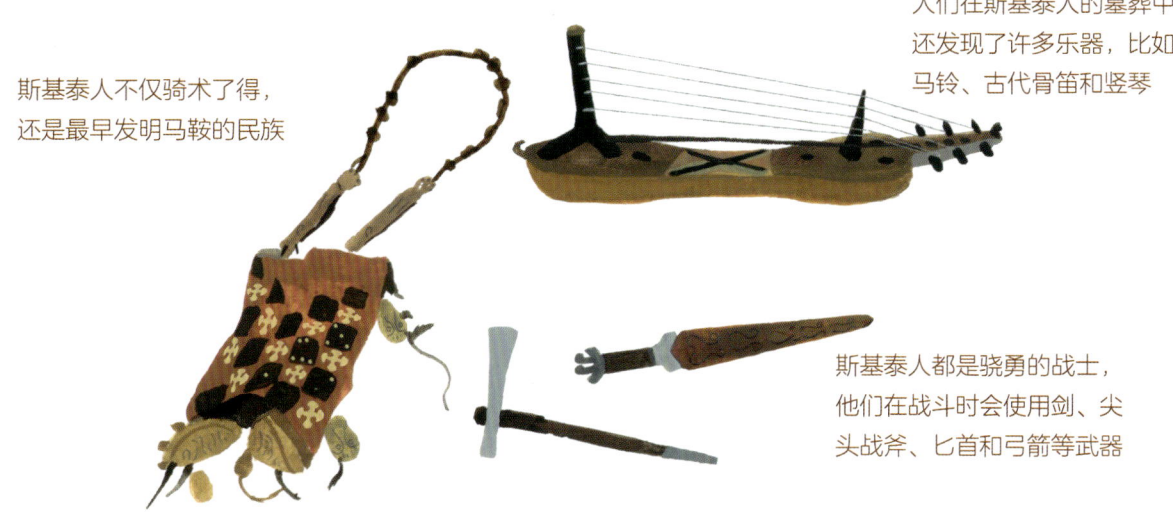

斯基泰人都是骁勇的战士，他们在战斗时会使用剑、尖头战斧、匕首和弓箭等武器

库尔干墓穴的设计很安全，草原上的温度又可以将尸体永久冰冻起来。这些因素都让斯基泰人的墓葬品完好地得以留存，其中包括数千件历史上的无价文物，包括马具、地毯、衣服、乐器、家具、大煮锅、杯子、武器和珠宝。这都是非常独特的文物，其中有一部分保存得近乎完美，看起来就像是最近新制作的一样。这些都让我们能够深入了解斯基泰人的古老文化。

世上仍有许多库尔干墓穴有待发掘，在那些墓葬之中，又藏着什么样的古老艺术品、手工艺品和无价之宝呢？结果真是让人期待。

冰中女尸

考古学家在阿尔泰山高处挖掘出了一处库尔干墓穴，在里面发现了一副棺材。这是一副由落叶松木制成的单人棺材，因为棺材很长，于是他们推测里面放着两具尸体。后来证实里面只有一具女尸，她去世时大约25岁，手臂上有很多刺青图案，侧卧着面朝旭日东升的方向。斯基泰民族的女性很少单独下葬，考古学家因此意识到这次发现的是一位重要人物。她也许是一位宗教领袖，或是受人尊敬的说书人，让我们暂且不管她的身份，但我们能够知道的是，她是在公元前5世纪的某个时间点去世的。

后续的检查结果显示，这位年轻女性去世时已身患癌症。她因为患病而身体虚弱，后来又从高处摔了下来。她这次跌得很严重，也许是从马背上摔下来的，没过多久就与世长辞了。在逝世前的很长一段时间里，她都卧床不起，但她并不孤独，因为直到生命的最后一刻都有人在她身边照顾她。

由于棺材一直处于严寒之下，冰中女尸的衣物也得以保存下来。她穿着一件黄色丝绸上衣，这种丝绸可能来自印度；还有一条红白相间的羊毛裙和一条长及大腿的毡制长袜。所有服饰中最壮观的莫过于她戴的头饰，足足有一米多高。头饰是用毛毡覆盖的木头制成的，上面装饰着许多金箔雕刻出的小鸟。这个头饰的外形是按照斯基泰文化中的生命之树来设计的，这也是为什么冰中女尸棺材的长度非同一般的原因。

冰中女尸还有一些随身的个人物品。有一个动物的角，应该是用来喝水的；有一张可拆卸桌腿的便携式桌子；还有一个盘子，里面装着燃烧过的香菜籽。在墓穴中"小屋"的外面还有几匹马，它们的尸体也保存得很好，在挖掘过程中甚至还散发出强烈的气味。每一匹马都是被斧头砍死的，它们的前额都有斧头砍过的伤痕。作为这位神秘女主人的陪葬品，它们将护送她前往来世。

墓穴内放着香菜的种子，是为了让空气中弥漫香味

这是在冰中少女身边发现的牦牛角，能用这种动物角来喝水的斯基泰人大多家境富裕，或是位高权重

冰中少女的库尔干墓穴中有一张便携式桌子，上面摆着马肉和羊肉

深入皮肤的艺术

　　大多数斯基泰人身上都有很多刺青。他们一般使用煤烟灰制成的黑色墨水来操作，这样就能让自己的身体变成有生命的艺术品。他们的肩膀、手臂、背部、胸部和腿上都会有各种图案，你可以看到牧场放牧的画面、猎场捕猎的画面，还会看到只存在于想象中的有翼怪物在混战。斯基泰人动起来的时候，他们画在身上的这些野兽也会一起移动。它们会弯曲四肢，拱起背部，跟随斯基泰人的动作一起变得栩栩如生。

　　至于为什么斯基泰人的男男女女都喜欢给自己画上刺青，我们不得而知。但是，他们应该不只是因为觉得美观，更可能是认为身上的刺青能带来某种神奇的保护力量。他们会以这种方式来描绘神话故事中的场景，纪念战斗或狩猎时的勇敢壮举，或者把刺青视作一种确认个人身份的方式，乃至死后到达来世时也依然可以借此辨识身份。我们能够确定的是，若想进一步揭秘斯基泰人的历史，他们的刺青图案以及画面中的动物都是至关重要的线索。

许多古代木乃伊身上都有刺青，但斯基泰木乃伊身上刺青图案的细节最为丰富，构图最为复杂，同时也是最美观的。冰中女尸身上画着几只传说中的神兽：有一只长着华丽鹿角的鹿，有一头头上长着卷角的公羊，还有一只长着斑点的野兽。这些图案都充满了生机和活力，就如同斯基泰人自己一样。

浑身都是图案的首领

20世纪50年代，人们发现了一具斯基泰木乃伊，他身上的刺青图案非常壮观，令人叹为观止。这个男人身材壮实，充满力量感，因此被认为是一位部落首领。

虽然他的尸体已经出现了部分腐烂，但幸存的皮肤已足够展示他身上复杂而独特的动物图案刺青。这些图案里有一头驴子、一只山羊、两只长着鹿角和钩状嘴的鹿类动物，右臂上有一只幻想出来的怪兽，胸前画着两只狮身鹫首的怪兽，右腿上画着一条鱼、四只公羊和一只其他模样的怪物。

自我木乃伊化的僧侣们

如果你想制作一具木乃伊，
首先必须要具备什么呢？

答案是：一具尸体。日本神山上的寺庙里保存着一些圣人的遗体，他们尚在人世的时候就主动选择要把自己的尸体制成木乃伊。这个过程被称作"肉身佛"（也就是肉身即可成佛），据说这个过程无比漫长，充满痛苦，几乎超出人们的想象。

"肉身佛"中有一位名叫空海（公元774—835年）的日本僧人。空海及其弟子都相信，如果可以忍受身体上的苦难，比如忍饥挨饿或是站在冰冷的瀑布下方，他们就能从中获得精神力量。

空海在 62 岁那年将这种信念发挥到了极致。他开始不吃不喝，进入一种冥想状态，放任自己被活活饿死。几个月后，空海的弟子们惊奇地发现，师父的尸身居然没有腐烂，看起来竟和他生前的模样相差无几。这是一桩奇事。人们认为这是因为他精神上一直持久忍耐，因而获得了巨大的力量。1081 至 1903 年间，有几百名僧人都想要效仿空海的方法来达到"肉身佛"的境界，但最后大约只有 20 人成功。

如果一位僧人主动选择成为"肉身佛"，那他肯定知道自己将踏上一段极端艰苦的旅程，而且极有可能会失败。为了达成目的，他需要具备强大的精神力量，而且必须能够应对严苛的身体挑战。只有尽可能地脱去身体中的脂肪、肌肉和水分，才能降低尸身腐烂的可能性。此外，在死亡的那一刻他还必须保持着平和的心态。

一位僧人想要成功完成"肉身佛"的过程，就必须减少身体中那些可能导致腐烂的部分——肌肉、脂肪和水。为了做到这一点，他必须彻底改变自己的饮食习惯，在 3 年甚至更长的时间里只能吃坚果、树根、树皮和松针。

这种饮食方式被称为"吃树"，意思是"吃树上的东西"。僧人保持这种饮食的同时，还会进行例行冥想和剧烈运动，最终将自己变成一具活生生的骨架。当他身上已经没有多余的脂肪和肌肉时，僧人便坚决不再进食，只喝由一种树液制成的毒茶。这种液体会让他呕吐并出汗，进一步减少身体的含水量。

　　死神的脚步渐渐来临，僧人会爬进一个地下室，那里空间狭小，仅够盘腿而坐。随后，他的弟子们会封住密室，只留下一个气孔和一个铃铛。当他敲响铃铛，弟子们便知道他还活着。而他将沉浸在寂静的黑暗中独自冥想，等待着自己的生命最后脱离肉体的束缚。

　　当弟子们再也听不到铃铛的声音时，他们便会封住气孔，然后离去，1000天后再回来察看师父的身体是否已经变成木乃伊。如果师父成功了（大多数人没有成功），他们就会将留存下来的遗骸带回寺庙，把师父视为真正的"肉身佛"进行拜祭，并相信师父在天之灵仍在庇佑他们。

有些谜底被揭开，有些秘密永留存

在这趟了解遗骸的旅程中，我们穿越到了远古的时间点，也环游了广阔的世界。我们跋山涉水，探索沼泽；我们呼吸过北极的冰冷空气，也曾经感受沙漠中的滚烫砂砾；我们见识过巨大的墓穴，也探索了泥土中挖掘出的简单坟冢。

我们遇见了一系列人物——法老、水手、挖盐矿工、马背上的领主、侯爵夫人、僧侣、贵族妇女、冰中女尸以及渔民。每一具遗骸都透露了许多关于他们自己的信息；我们不仅得以了解他们的身高、发色、饮食习惯、穿着打扮等等外部信息，还对他们的信仰、习俗和文化等方面也有了深刻理解。

我们知道了，印加人和铁器时代的北欧人都认为人类的生命具有无与伦比的价值，他们会把人当作最宝贵的祭品献给神灵；新克罗人会先把逝者的尸体放在身边好几年，再把他们埋在沙漠里；斯基泰人死后也不想和心爱的马匹分开。

尽管我们永远无法真正地"了解"死者，他们有生之年的个性、品格往往永远都是尘封的秘密，连他们的名字也无法考证。但我们通过检查他们的衣服、物品和身体残骸，确实又能找到一些难得的蛛丝马迹，了解千百年前活着的他们曾是怎样的人物。

斯基泰冰中女尸的手臂和手掌上的美丽刺青，向我们展示了他们民族信仰的神秘怪兽，将传说故事娓娓道来。我们可以想象墨水被刺入到皮肤之下的时候她曾经忍受的何种痛苦，以及她在刺青完成之后的满满自豪。辛追遗体的卓越保存也让我们看到，虽然她比当时大多数中国人吃了更多品类丰富的美味佳肴，但这却让她失去了健康，最终间接导致了她的死亡。

奥茨携带的衣服、武器、装备和药品说明他当时准备充分，技巧纯熟，昭示着欧洲铜器时代的生存环境相当严峻。当我们凝视着约翰·托林顿、约翰·哈特奈尔和威廉·布雷恩冰冷的脸庞，我们仿佛能真的看到他们在 19 世纪 40 年代的模样。这类碎片化的信息都是弥足珍贵的。它们提醒着我们，我们看到的不只是一具木乃伊或一副骨架，他们曾经也都是有血有肉的人。

但有许多事情将会是永远的未解之谜。比如，奥茨、伊德女孩和基波林人为什么会被杀？为什么波斯的盐矿底下会出现一个富人？富兰克林船长及其船员究竟遭遇了什么？还有，图坦卡蒙这个最为著名的木乃伊到底因何而死？

世界上还有更多的遗骸有待发掘——他们可能被深埋在沙漠，也说不定在冰天雪地之中，还有可能藏在隐蔽的山洞里。我很好奇他们是谁，也想知道这些遗骸重见天日之时又会和我们分享怎样的新秘密。

在哪里发现了他们？

美洲

 失踪的富兰克林探险队——加拿大

 尤耶亚科少女——阿根廷 / 智利

 新克罗木乃伊——智利

欧洲及中东地区

 冰人奥茨——意大利

 庞贝古城的石膏市民——意大利

 嘉布遣会地下墓穴——意大利

 图伦男子——丹麦

 伊德女孩——荷兰

 克隆卡万人和老克罗根人——爱尔兰

 林道人——英国

 伊朗盐人——伊朗

亚洲

- 美丽的小河公主——中国
- 辛追夫人——中国
- 中国明代不腐女尸——中国
- 大草原上的刺青遗骸——俄罗斯
- 自我木乃伊化的僧侣们——日本

非洲

- 图坦卡蒙——埃及
- 拉美西斯大帝——埃及
- 基波林人——埃及

词汇表
（按照在文中出现的先后顺序排列）

木乃伊：自然或人工保存下来的尸体，可以是人类，也可以是动物。

来世：有些人认为，他们死后会前往这里。

祖先：生活在遥远的过去，与我们有血缘关系的人。

花环：由各种花、叶和树枝做成的环状物，通常放在坟墓上，以示对死者的尊重。

考古学家：他们的工作是挖掘遗址，并分析他们发现的文物，以这种方式研究人类历史。

软组织：身体中连接、支持并环绕骨骼和牙齿的部分，包括皮肤、内部器官、肌肉、肌腱、韧带、神经、脂肪和血管。

维多利亚时代：英国维多利亚女王的统治时期，也就是 1837 至 1901 年。

CT 扫描：即电子计算机断层扫描，在不损害身体的情况下，使用 X 射线和计算机来扫描出反映身体内部情况的三维图像。

霍华德·卡特：英国考古学家和埃及学的先驱，发现了埃及帝王谷图坦卡蒙王 KV62 号陵墓及戴着"黄金面具"的图坦卡蒙王木乃伊。

（丧葬）面具：常覆盖于被保存的遗体面部，多由珍贵材料制成，且装饰华丽。

坟墓：用来埋葬死者的墓穴，可能是穹顶、围墙或纪念碑的结构，通常位于地下。

瓦特吉：在埃及神话中，瓦吉特原本是当地的古代女神。瓦吉特一直是下埃及的守护神，后来上下埃及统一后，便与上埃及的秃鹫女神奈赫贝特一起成为埃及的守护神。瓦吉特盘绕太阳的形象名为"神圣的毒蛇"，是下埃及王冠的象征。

陨石：从太空坠落到地球的金属或岩石。

帝王谷：帝王谷位于埃及，那里主要埋葬着古埃及新王朝时期第 17 至 20 王朝的法老和王室贵胄。

动脉：往身体各处输送血液的大血管。

亚麻布：一种由亚麻植物制作而成的柔软材料。

巫沙布提俑：巫沙布提俑是古埃及被放置于坟墓中的人偶，作为陪葬品使用。材质一般为黏土、石、蜡、木或搪瓷，通常是身负背篓、双手持有镰刀等模样的木乃伊形式。在古埃及文化中，人们认为死后仍然需要在地府劳作，巫沙布提则可以帮助墓穴主人完成工作。

文明：一个具有一定复杂程度的人类社会，能够建起建筑，进行商业交易，并且能创造属于自己的艺术、文化和信仰。

柏柏里羊： 柏柏里羊是非洲一种体形较大的绵羊，体色为红褐色，这种体色能与当地的岩石混为一体，从而起到隐蔽和保护自己的作用。

灵魂： 一个人的精神组成部分，不像身体一样有形，有些宗教认为灵魂在死后不会消失。

躯干： 人的胸部、背部和腹部的统称。

内部器官： 身体内部那些具备基本功能的组成部分，比如肝脏、肾脏、心脏和大脑。

树脂： 树木等植物产生的一种物质，一般质地较厚，而且黏稠。

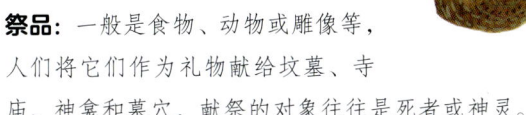

卡诺匹斯罐： 卡诺匹斯罐是古埃及人制作木乃伊时用作保存内脏、以供来世使用的器具。

祭品： 一般是食物、动物或雕像等，人们将它们作为礼物献给坟墓、寺庙、神龛和墓穴，献祭的对象往往是死者或神灵。

复活： 指的是一个人由死复生的过程，在世界的某些地区以及某些宗教中存在这种概念。

卓瑟王： 卓瑟王是古埃及旧王朝第三代首位法老王，正是他下令兴建埃及首座石制纪念建筑——阶梯金字塔。卓瑟王在位期间，埃及经济良好，人人安居乐业，他才因而想到要建造这种革命性的建筑。

伊姆霍特普： 伊姆霍特普是卓瑟王阶梯金字塔的主要建筑师。

世界古代七大奇迹： 指的是公元前 3 世纪左右，在地中海东部沿岸地区七座宏伟的建筑和雕塑。它们是：埃及胡夫金字塔、巴比伦空中花园、阿尔忒弥斯神庙、奥林匹亚宙斯神像、摩索拉斯陵墓、罗德岛太阳神巨像和亚历山大灯塔。七大奇迹中有六个由于地震、火灾、战争等因素被损毁，只有埃及胡夫金字塔得以保存至今。

自由女神像： 自由女神像全称为美国自由女神像国家纪念碑，位于美国纽约自由岛。

圣保罗大教堂： 圣保罗大教堂是世界著名的宗教圣地，世界第五大教堂，英国第二大教堂。

伦敦眼： 伦敦眼坐落在英国伦敦泰晤士河畔，是世界上首座、同时截至 2005 年最大的观景摩天轮，为伦敦的地标及著名旅游观光点之一。

林肯大教堂： 林肯大教堂坐落于英国林肯市的一处高地，居高临下，俯视全城。林肯大教堂是英格兰最大的教堂之一。

马丘比丘： 马丘比丘是印加帝国最著名的遗址，建在马丘峰和华伊纳峰之间。马丘比丘位于现今秘鲁境内库斯科西北 130 千米处，整个遗址位于海拔约 2350 米的山脊上，俯瞰着乌鲁班巴河谷，被热带丛林所包围。

帝国： 由某一个君主或某一个国家来统治的一片国家或地区。

羊驼： 一种类似于骆驼的哺乳动物，原产于南美洲。

古柯： 古柯是一种小灌木，生长于南美洲安第斯山区。古柯的叶子可以入药，有镇痛效果，这也是可口可乐的重要配方。印加人把它当成一种强力药物来使用。

发酵： 水果或谷物中的糖分被转变成酒精的自然过程。

奇恰酒： 奇恰酒是一种原产于拉丁美洲，来自安第斯山脉和亚马孙河地区的已发酵（酒精）或非发酵过的饮料。在印加帝国时期，奇恰还有仪式和宗教礼节方面的用途。

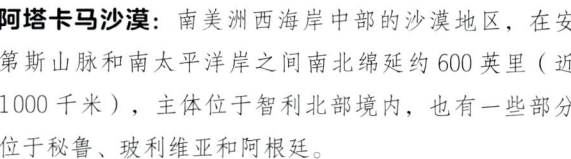

阿塔卡马沙漠：南美洲西海岸中部的沙漠地区，在安第斯山脉和南太平洋岸之间南北绵延约 600 英里（近 1000 千米），主体位于智利北部境内，也有一些部分位于秘鲁、玻利维亚和阿根廷。

土著：一直在某个特定地点自然生活的人、动物或植物。

约翰·富兰克林：英国船长及北极探险家，在搜寻西北航道之旅中失踪，他和其他队员的下落在其后十多年间成谜。

西北航道：西北航道是一条穿越加拿大北极群岛并连接大西洋和太平洋的航道。

比奇岛：比奇岛是位于加拿大北极群岛的一个岛屿，乘船 90 千米即可抵达刚毅湾的因纽特人村庄，村中约居住着 200 位村民，向南 3500 千米便是多伦多。

放射性碳测定法：这是一种用来计算骨骼或木材之类的有机物的年龄的科学方法。

罗马帝国：古罗马人统治下的一个强大帝国，从公元前 27 年一直持续到公元 476 年。

维苏威火山：维苏威火山是欧洲的一座活火山，位于意大利南部那不勒斯湾的东海岸，距离世界名城那不勒斯不到 20 千米，海拔 1281 米。

朱塞佩·菲奥雷利：意大利考古学家，他负责挖掘庞贝城遗址。

葬礼：一种仪式，人们会做好准备工作，然后把尸体埋葬、安放或充满敬意地做出处理。

修道院：僧侣的住所，也是他们工作并进行宗教仪式的场所。

凯尔特人：凯尔特人在血缘上属于地中海人种的一支，他们是生活在西欧的一个民族，于公元前 1200 年开始蓬勃发展。现在的爱尔兰、苏格兰、威尔士等地的语言和文化都来自凯尔特人。受凯尔特文化影响的北欧及西欧的一系列地区，被统称为凯尔特地区。

墓地：用来埋葬死者的地方，比如一片墓园。

白干酪：白干酪，又称为乡村奶酪、茅屋奶酪。这种奶酪原产于荷兰，用脱脂牛奶制作，外表为白色，形状较为松散，略带酸味。白酪可以生吃，也可用于制作三明治等西点。

斯基泰人：斯基泰人是古代在东欧大草原至中亚一带居住与活动，属东伊朗语支的游牧民族或半游牧民族。在学术界，人们普遍认为斯基泰人是伊朗人的分支，他们是最早使用骑兵的民族之一。

库尔干：库尔干是一种坟墓的名称，通常包含单个的尸体以及墓葬器皿、武器和马匹，最初在东欧大草原上使用。公元前 3 世纪开始，中亚大部分地区以及东欧、西欧和北欧地区也开始建造这种墓穴。

阿尔泰山脉：阿尔泰山脉从中国新疆维吾尔自治区北部和蒙古国西部一直延伸，直到俄罗斯境内与哈萨克斯坦东部，呈西北—东南走向，长 2000 千米，海拔 1000—3000 米，北部平均海拔 2050 米，南部平均海拔 2377 米。阿尔泰山脉有丰富的森林和矿产资源。

狮鹫兽：狮鹫兽是一种传说中的生物，也称"格里芬""鹰头狮""狮身鹰""狮身鹰首兽"等。它拥有狮子的身体及鹰的头、喙和翅膀。因为狮子和鹰分别称雄于陆地和天空，鹰头狮被视为强大、尊贵的象征。最早对狮鹫的描绘可追溯至公元前 3000 年之前的古埃及与古波斯艺术。

空海：日本佛教僧侣。他是中国唐代的日本留学僧，曾经在今天的西安青龙寺惠果门下拜师。他的谥号是弘法大师。